新时代 1
韩国语听说教程
신세대한국어듣고말하기

董磊 [韩]鞠知秀 著

上海外语教育出版社
外教社 SHANGHAI FOREIGN LANGUAGE EDUCATION PRESS

图书在版编目（ＣＩＰ）数据

新时代韩国语听说教程.1 / 董磊，鞠知秀
著. -- 上海：上海外语教育出版社，2023
ISBN 978-7-5446-7553-6

Ⅰ.①新… Ⅱ.①董… ②鞠… Ⅲ.①朝鲜语—
听说教学—教材 Ⅳ.①H559.4

中国国家版本馆CIP数据核字（2023）第023628号

出版发行：**上海外语教育出版社**
　　　　　（上海外国语大学内）　邮编：200083
电　　话：021-65425300 (总机)
电子邮箱：bookinfo@sflep.com.cn
网　　址：http://www.sflep.com
责任编辑：张　丽

印　　刷：上海商务联西印刷有限公司
开　　本：787×1092　1/16　印张 6.25　字数 162千字
版　　次：2023年8月第1版　　2023年8月第1次印刷

书　　号：ISBN 978-7-5446-7553-6
定　　价：26.00元

本版图书如有印装质量问题，可向本社调换
质量服务热线：4008-213-263

　　近年来，随着国内韩国语教育的蓬勃发展，韩国语教材的开发也有了长足的进展。为提高韩国语教育水平，培养符合中国国内实际需要的高水平韩国语人才，各大高校纷纷组织专家编写符合实际培养目标的高质量教材，以保障韩国语教育水平的稳步攀升。

　　然而，与综合性韩国语教材的开发相比，专门的韩国语听说教材的开发则始终处于被边缘化的状态。目前，市面上可用的韩国语听说教材多是从韩国引进的翻译本，存在着课程内容与中国的韩国语教育实际需求有一定距离、课程设计与国内高校的学期长度不匹配、无当前中国高等教育亟需的思政元素融入等诸多问题。针对这一现状，本教材编写团队与上海外语教育出版社倾力打造了这套《新时代韩国语听说教程》系列教材，以期改善国内韩国语听说教材不够多样化、本土化的现状。

　　《新时代韩国语听说教程》系列教材全面贯彻二十大精神，坚持中华民族的文化自信，以思政元素的有机融入为亮点，加快韩国语听说教材的本土化进程。本系列教材在设计韩国语听力及会话练习的过程中，在介绍韩国语言、文字及传统文化的同时，也将中国的传统文化元素（如孔子、诸葛亮、关羽等知名历史人物；典型历史事件；传统节日及相关的饮食、文化活动等）、当下的主流文化元素（便捷的网络购物、结算方式；稳定的社会环境、不断提升的物质文化生活等），以及与大学生生活息息相关的各类热点话题（学习、交友、丰富的大学生活；大学生创新研究活动等）按照相应的难易度进行编排，并有机地融入到相关主题的练习当中，将外语教学与思政元素融为一体，以实现高校外语教学中的思政教育目标。同时，从教材内容及课堂活动的设计上，为高校外语教师提供了思政教学的实践指导。

　　本套教材分为学生用书和教师用电子资料。学生用书内容包括听力、口语练习题，以及与该册教材难易度水平相应的韩国语听力水平测试题。听力原文、课堂练习题答案，以及课后的韩国语听力水平测试题参考答案等内容均以电子资料形式提供给使用该教材的教师，方便教师组织课堂活动，了解和掌握学生的学习效果。

本套教材中，每一册的主题内容结束后，均有一定量的韩国语听力水平测试题。测试题为该册书全部内容的总结与提升，为学生和教师提供水平检测的机会和继续提升的方向性指导，在查缺补漏的同时，总结归纳继续提升听力和会话水平的方向和具体目标，为学生和教师的后续学习和教学提供方便。

《新时代韩国语听说教程1》以零基础的大学本科生为对象，以大学生的日常生活为中心编写而成。全书包括2个单元的韩国语发音和14单元主题听力练习，总共16周设计。语音部分，在学习韩文字母、基础发音以及韩字构成的同时，以"读一读"的形式，加入较多包含相关音节的常用词汇，以增加词汇量的积累。主题练习部分，一单元主题练习为两课时的教学设计。主题围绕大学生实际生活展开，以初级阶段必须掌握的韩国语基础词汇、语法及句式为主，同时考虑大学生的知识结构和认知能力，部分词汇的难度有所提升。听力和会话练习的设计与相关主题对应的词汇、句式紧密相关。在每个主题的最后，均以思维导图形式进行综合性总结练习。思维导图的左半部分为该主题练习的核心句子，右半部分为给定会话练习具体内容，学生可围绕本课所学词汇、语法及句式内容，用给定信息，组织对话练习，进而达到听与说，即输入与输出的即时转换，提升学生的学习效率。

《新时代韩国语听说教程》系列教材将陆续推出，欢迎高校师生多加关注。

目录

韩文简介

　　15世纪中叶前，朝鲜半岛上的百姓们一直过着有语言无文字的生活。他们可以用语言交流，但因没有自己民族的文字，不得不使用汉字来标记其语言，因而过着语言与文字不一致的生活。1443年（即世宗25年），朝鲜王朝的第四代王——世宗大王与集贤殿的学者们一起，共同创制了韩国的文字，名为"训民正音"，意为"教导百姓的正确发音"。1446年，世宗大王正式颁布了《训民正音》。学者们还遵循王命，编写了"训民正音"的解释说明文书，即《训民正音》（解例本），详细介绍了"训民正音"创制的动机及原理。

"训民正音"创制的动机

　　《训民正音》（解例本）中的一段话可以说明世宗大王创制韩文的理由，"国之语音，异乎中国，与文字不相流通，故愚民有所欲言，而终不得伸其情者，多矣。予，为此悯然，新制二十八字，欲使人人，易习，便于日用耳。"

"训民正音"辅音的创制原理 之"象形"与"加划"

一、象形

　　韩文辅音的5个基本字为："ㄱ、ㄴ、ㅁ、ㅅ、ㅇ"，均模仿发音器官的形状创制而成。"ㄱ"是模仿发音时舌根堵住喉咙的形状，"ㄴ"是模仿舌尖抵上齿龈的形状，"ㅁ"是模仿口的形状，"ㅅ"是模仿牙齿的形状，"ㅇ"是模仿喉咙的形状。

二、加划

　　在5个基本字的基础上，又以添加笔画的方式创制出另外的9个辅音："ㅋ、ㄷ、ㅌ、ㅂ、ㅍ、ㅈ、ㅊ、ㆆ、ㅎ"和3个异体字："ㆁ、ㄹ、ㅿ"。

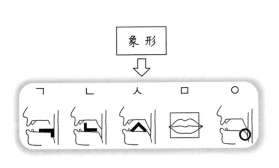

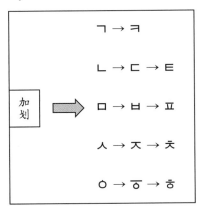

"训民正音"元音的创制原理 之"象形"与"加划"

韩文元音的3个基本字为:"•、一、丨",均模仿"天、地、人"的形状创制而成。

基本字 加划字

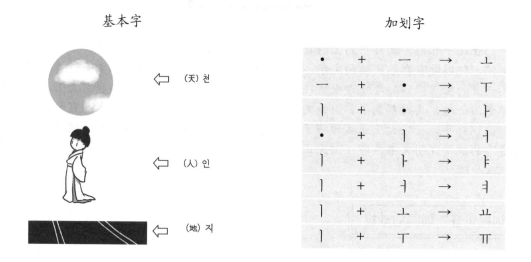

至此,韩文的11个元音、17个辅音,共28个基本字母全部创制完成。

此外,还有运用"合用"的方法创制的"ᅪ、ᅯ、ᅬ、ᅢ、ᅱ、ᅦ"等元音字母和运用"并书"与"连书"的方法创制的"ᄁ、ᄄ、ᄤ、ᄊ、ᄍ、ᅘ、ᄫ"等辅音字母。

1. 한글과 소리 韩字及发音 (1)

모음1 元音1
<small>1-1</small>

아	어	오	우	으	이	애	에	외	위

1. 읽어봅시다. 读一读。
<small>1-2</small>

아이 孩子	이 牙齿	오이 黄瓜
아우 弟弟	위 上面	의아 惊讶

2. 다음을 듣고 소리가 같은 것에 ○ 하십시오. 听录音，正确的画○。
<small>1-3</small>

1) 오 (　　)　　　　에 (　　)　　　　어 (　　)

2) 아 (　　)　　　　우 (　　)　　　　으 (　　)

3) 의 (　　)　　　　외 (　　)　　　　이 (　　)

4) 애 (　　)　　　　어 (　　)　　　　외 (　　)

5) 의 (　　)　　　　우 (　　)　　　　위 (　　)

자음1 辅音1
<small>1-4</small>

ㄱ	ㄴ	ㄷ	ㄹ	ㅁ	ㅂ	ㅅ	ㅇ

자음 모음	ㄱ	ㄴ	ㄷ	ㄹ	ㅁ	ㅂ	ㅅ	ㅇ
ㅏ	가	나	다	라	마	바	사	아
ㅓ	거	너	더	러	머	버	서	어

ㅗ	고	노	도	로	모	보	소	오
ㅜ	구	누	두	루	무	부	수	우
ㅡ	그	느	드	르	므	브	스	으
ㅣ	기	니	디	리	미	비	시	이
ㅐ	개	내	대	래	매	배	새	애
ㅔ	게	네	데	레	메	베	세	에
ㅚ	괴	뇌	되	뢰	뫼	뵈	쇠	외
ㅟ	귀	뉘	뒤	뤼	뮈	뷔	쉬	위

1. 다음을 듣고 맞는 것에 ○ 하십시오. 听录音，正确的画○。
1-5

노 (　　　) 머 (　　　) 수 (　　　) 이 (　　　) 새 (　　　) 아 (　　　)

버 (　　　) 뒤 (　　　) 거 (　　　) 무 (　　　) 위 (　　　) 오 (　　　)

2. 읽어봅시다. 读一读。
1-6

가수 歌手	가구 家具	개 狗	귀 耳朵	구두 皮鞋	나비 蝴蝶
나라 国家	나무 树木	노래 歌	다리 腿	두부 豆腐	모자 帽子
머리 头	바지 裤子	비 雨	사과 苹果	소리 声音	새 鸟
배 梨	아기 婴儿	우유 牛奶	오리 鸭子	위 上面	아래 下面

3. 다음을 듣고 맞는 것을 고르십시오. 听录音，选择正确的单词。
1-7

1) 가구　　다수　　가수　　　　3) 구두　　누구　　도구

2) 기　　귀　　위　　　　　　　4) 나나　　나라　　아라

	5) 오래	고래	노래		8) 배	새	개
	6) 두부	고부	두루		9) 구유	우유	수유
	7) 다시	바지	가지		10) 아기	여기	이기

4. 다음을 듣고 써 보십시오. 听录音，写一写。
1-8

1) _____

2) _____

3) _____

4) _____

5) _____

자음2 辅音2
1-9

ㅈ	ㅊ	ㅋ	ㅌ	ㅍ	ㅎ

자음 모음	ㅈ	ㅊ	ㅋ	ㅌ	ㅍ	ㅎ
ㅏ	자	차	카	타	파	하
ㅓ	저	처	커	터	퍼	허
ㅗ	조	초	코	토	포	호
ㅜ	주	추	쿠	투	푸	후
ㅡ	즈	츠	크	트	프	흐
ㅣ	지	치	키	티	피	히
ㅐ	재	채	캐	태	패	해
ㅔ	제	체	케	테	페	헤
ㅚ	죄	최	쾨	퇴	푀	회
ㅟ	쥐	취	퀴	튀	퓌	휘

🎧 **1.** 다음을 듣고 맞는 것에 ○ 하십시오. 听录音，正确的画○。

자 (　) 저 (　) 코 (　) 트 (　) 포 (　) 죄 (　)

차 (　) 지 (　) 쿠 (　) 후 (　) 쥐 (　) 뒤 (　)

치 (　) 해 (　) 토 (　) 채 (　) 피 (　) 제 (　)

🎤 **2.** 읽어봅시다. 读一读。

지구 地球	주스 果汁	쥐 鼠	차 茶	채소 蔬菜	치마 裙子
커피 咖啡	코 鼻子	케이크 蛋糕	파도 波涛	포도 葡萄	피자 比萨
하루 一天	하마 河马	호두 核桃	호수 湖水	허리 腰	오후 下午
좌파 左派	주거 居住、居所	코너 角落、角	하사 贺词	허가 批准、许可	피서 避暑、消暑

🎧 **3.** 다음을 듣고 맞는 것을 고르십시오. 听录音，选择正确的单词。

1) 시구　　지구　　이구
2) 쥐　　지　　치
3) 치마　　지마　　시마
4) 카피　　코피　　커피
5) 호두　　포도　　푸드

6) 피자　　비자　　이자
7) 아루　　한우　　하루
8) 코　　고　　호
9) 오수　　호수　　코수
10) 허리　　어리　　커리

✏️ **4.** 다음을 듣고 써 보십시오. 听录音，写一写。

1) _____

2) _____

3) _____

4) _____

5) _____

2. 한글과 소리 韩字及发音 (2)

🎧 2-1 모음2 元音2

| 야 | 여 | 요 | 유 | 애 | 예 | 와 | 왜 | 워 | 웨 | 의 |

🎤 2-2 **1. 읽어봅시다. 读一读。**

여자 女子	의사 医生	의자 椅子	예의 礼仪	여우 狐狸	왜 为什么
예우 礼遇、礼待	여야 朝野、执政党和在野党	기여 贡献、捐赠	돼지 猪	시계 钟表	교수 教授
과자 点心	야채 野菜	회의 会议	여의도 汝矣岛	야자 椰子	야구 棒球
요리 料理	우유 牛奶	화해 和解、和好	고수 固守、坚守	시야 视野、眼界	유무 有无
휴무 暂停办公、休息	우려 忧虑、顾虑	화초 花木、花草			

🎧 2-3 **2. 다음을 듣고 소리가 같은 것에 ○ 하십시오. 听录音，正确的字形后画○。**

1) 오 (　　)　　　요 (　　)　　　여 (　　)

2) 애 (　　)　　　애 (　　)　　　여 (　　)

3) 와 (　　)　　　외 (　　)　　　아 (　　)

4) 애 (　　)　　　위 (　　)　　　왜 (　　)

5) 의 (　　)　　　으 (　　)　　　이 (　　)

겹자음 双辅音

ㄲ	ㄸ	ㅃ	ㅆ	ㅉ

가	다	바	사	자
까	따	빠	싸	짜
카	타	파		차

1. 읽어봅시다. 读一读。

아빠 爸爸（儿语）	까치 喜鹊	토끼 兔子
따다 采摘	예쁘다 漂亮	바쁘다 忙
쓰다 写、苦的	싸다 便宜	코끼리 大象
까다 砸、敲	빼다 减去、除去、删掉	씨 种子、籽

2. 다음을 듣고 소리가 같은 것에 ○ 하십시오. 听录音，正确的字形后画○。

1) 파　　바　　빠　　　　6) 깨　　까　　꺼

2) 이　　끼　　기　　　　7) 또　　떠　　더

3) 소　　쏘　　써　　　　8) 찌　　지　　쯔

4) 따　　파　　싸　　　　9) 뽀　　뻐　　보

5) 째　　쎄　　세　　　　10) 쓰　　씨　　스

받침 收音

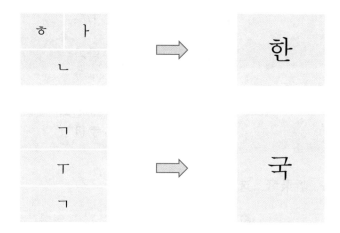

上图音节中的第三个音，即辅音"ㄴ"和"ㄱ"为收音。下图为韩语收音的发音规律及示例。

받침	발음	예
ㄱ, ㅋ, ㄲ	[ㄱ]	벽, 부엌, 밖
ㄴ	[ㄴ]	안, 산, 문
ㄷ, ㅅ, ㅆ, ㅈ, ㅊ, ㅌ, ㅎ	[ㄷ]	걷다, 앗, 있다, 낮, 꽃, 밭, 히읗
ㄹ	[ㄹ]	알, 발, 잘, 말, 불
ㅁ	[ㅁ]	곰, 마음, 봄
ㅂ, ㅍ	[ㅂ]	입, 앞
ㅇ	[ㅇ]	병, 공, 창문

🎙 **1.** 읽어봅시다. 读一读。
2-7

물 水	문 门	돈 钱	컵 杯子
빵 面包	**집** 家	**꽃** 花	**가방** 书包

교실 教室	학교 学校	연필 铅笔	책상 书桌
엄마 妈妈（儿语）	공책 练习本	안경 眼镜	딸기 草莓
비행기 飞机	자전거 自行车	컴퓨터 电脑	휴대 전화 手机

2. 다음을 듣고 맞는 것을 고르십시오. 听录音，选着正确的字形。

2-8

1) 곧	꽃	끝	6) 어마	마마	엄마
2) 물	무	문	7) 안경	안녕	암경
3) 요실	교실	교시	8) 비앵기	비행기	미행기
4) 과방	사방	가방	9) 자전거	차전거	자천거
5) 연빌	년필	연필	10) 검뷰터	컴퓨터	검퓨더

3. 다음을 듣고 써 보십시오. 听录音，写一写。

2-9

1) _____

2) _____

3) _____

4) _____

5) _____

겹받침 双收音

받침	발음	예
ㄳ, ㄺ, ㄲ	[ㄱ]	넋, 닭, 밖
ㄵ, ㄶ	[ㄴ]	앉, 많

ㅆ	[ㄷ]	있
ㄹㅂ, ㄹㅅ, ㄹㅌ, ㄹㅍ, ㅀ	[ㄹ]	앏, 앐, 앑, 앒, 않
ㄹㅁ	[ㅁ]	옮
ㅄ	[ㅂ]	없

제 ① 과 인사 第一课 打招呼

– 안녕하십니까?
– 어느 나라 사람입니까?

[새 표현] 生词与表达[1]
– 만나서 반갑습니다.
– 처음 뵙겠습니다.

---

1 **인사** 打招呼 **안녕하다** 你好（打招呼） **어느** 哪、哪个 **나라** 国家 **사람** 人 **만나다** 见面 **반갑다** 高兴 **처음** 首次 **뵙다** 拜访（**보다**的尊敬语） **보다** 看 **한국** 韩国 **일본** 日本 **독일** 德国 **중국** 中国 **학생** 学生 **선생님** 老师 **친구** 朋友 **이름** 名字 **제** 我的（**저의**的略语） **해양대학교** 海洋大学 **전공** 专业 **중국어** 中文 **한국어** 韩语 **일본어** 日语 **영어** 英语 **러시아어** 俄语 **프랑스어** 法语 **독일어** 德语

1. 다음을 듣고 관계 있는 것을 연결하십시오. 听录音，将左右两列中相关内容连线。

리잉   한국

김나리   일본

다니엘   독일

미오   중국

2. 문장을 듣고 맞는 것에 ○ 하십시오. 听录音，在正确的内容上面画○。

1) 선생님   학생

2) 중국   한국

3) 중국 사람   일본 사람

3. 다음을 듣고 문장을 완성하십시오. 听录音，完成句子。

1) _____ 나라 사람입니까?

2) _____이 무엇입니까?

3) _____ 반갑습니다.

4. 다음을 듣고 맞으면 ○, 틀리면 X 하십시오. 听录音，正确的画○，错误的打X。

1) – 미오 씨는 한국 사람입니다.   (   )

   – 다니엘 씨는 독일 사람입니다.   (   )

   – 미오 씨와 다니엘 씨는 처음 만납니다.   (   )

2) – 이수지 씨는 해양대학교 학생입니다.   (   )

   – 루한 씨는 선생님입니다.   (   )

   – 루한 씨는 중국 사람입니다.   (   )

5. 자기 소개를 듣고 빈 칸에 알맞은 말을 쓰십시오. 听录音，完成表格。

1)

이름	
나라	
전공	

2)

이름	
나라	
전공	

6. 다음을 듣고 대화를 완성하십시오. 听录音，完成下列对话。

미　오: 안녕하십니까?

브루노: 안녕하십니까? 제 이름은 브루노입니다.

미　오: 저는 미오입니다. 브루노 씨는 ＿＿＿＿＿＿＿＿＿＿＿＿?

브루노: 네, 저는 학생입니다. 미오 씨도 ＿＿＿＿＿＿＿＿＿＿＿＿?

미　오: 아니요, 저는 학생이 ＿＿＿＿＿＿＿＿＿＿. 브루노 씨는 어느 나라 ＿＿＿＿＿＿＿＿＿＿?

브루노: 저는 미국 사람입니다. ＿＿＿＿＿＿＿＿＿＿.

7. 다음 빈 칸을 채우고 자기 소개를 해 주십시오. 完成表格后，进行自我介绍。

이름	
나라	
전공	

8. 다음의 마인드 맵에 따라 이야기해 보십시오. 依据下面的思维导图与同学聊一聊。

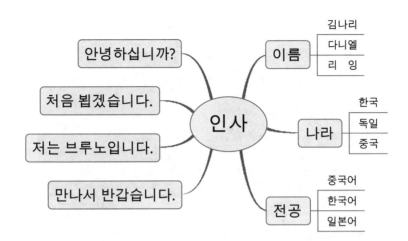

누구 谁　무엇 什么　미국 美国　프랑스 法国　호주 澳大利亚　태국 泰国　러시아 俄罗
1-8 斯　영국 英国　인도 印度　안녕히 계세요. 再见!　안녕히 가세요. 再见!

제 ② 과 소개 第二课 介绍

- 직업이 무엇입니까?
- 무엇을 배웁니까?

[새 표현] 生词与表达[2]
- 제 이름은 리잉입니다.
- 한국어를 배웁니다.

---

2 소개 介绍 **직업** 职业 **배우다** 学习 **요리사** 厨师 **의사** 医生 **경찰** 警察 **약사** 药剂师 **학교** 学校 **가다** 去 **친구** 朋友 **만나다** 见面 **밥** 米饭 **먹다** 吃 **기자** 记者 **만들다** 制作 **가르치다** 教 **칭다오** 青岛 **무역회사** 贸易公司 **일하다** 工作 **치과전문병원** 牙科医院 **간호사** 护士 **국적** 国籍 **고향** 家乡 **베이징** 北京 **파리** 巴黎

1. 다음을 듣고 관계 있는 것을 연결하십시오. 听录音，将左右两列中相关内容连线。

2-2

이수지

클로이

루한

김나리

ㄱ.

ㄴ.

ㄷ.

ㄹ.

2. 문장을 듣고 맞는 것에 ○ 하십시오. 听录音，在正确的内容上面画○。

2-3

1)

ㄱ. (　　)

ㄴ. (　　)

2)

ㄱ. (　　)

ㄴ. (　　)

3)

ㄱ. (　　)

ㄴ. (　　)

4)

ㄱ. (　　　)   ㄴ. (　　　)

3. 다음을 듣고 이어지는 말을 고르십시오. 听录音，选择正确的回答。

1) ㄱ. 안녕히 계십시오.   ㄴ. 안녕하십니까?

2) ㄱ. 만나서 반갑습니다.   ㄴ. 감사합니다.

3) ㄱ. 안녕하십니까?   ㄴ. 안녕히 가십시오.

4) ㄱ. 가수입니다.   ㄴ. 중국 사람입니다.

4. 다음을 듣고 맞으면 ○, 틀리면 X 하십시오. 听录音，正确的画○，错误的打X。

1) – 브루노 씨는 해양대학교에서 중국어를 가르칩니다.   (　　　)

 – 아키라 씨는 기자입니다.   (　　　)

 – 브루노 씨는 대학생입니다.   (　　　)

2) – 이수지 씨는 한국어 선생님입니다.   (　　　)

 – 클로이 씨는 중국 요리를 만듭니다.   (　　　)

 – 클로이 씨는 간호사입니다.   (　　　)

5. 다음을 듣고 빈 칸에 알맞은 말을 쓰십시오. 听录音，完成表格。

친구 이름	
국적	
직업	

6. 다음을 듣고 대화를 완성하십시오. 听录音，完成对话。

이수지: 안녕하십니까? 저는 이수지입니다.

다니엘: _____? 저는 다니엘입니다. 이수지 씨는 학생입니까?

이수지: 아니요, 저는 _____. 다니엘 씨는 무엇을 합니까?

다니엘: 저는 의사입니다. 칭다오병원에서 일합니다. 이수지 씨는 _____
_____?

이수지: 저는 해양대학교에서 일합니다. 해양대학교에서 한국어를 _____
_____.

7. 다음 빈 칸을 채우고 친구를 소개해 보십시오. 完成表格，并用韩语介绍朋友。

친구 이름	
고향	
직업	

8. 다음 사람은 누구입니까? 이야기해 보십시오. 用韩语说说下图都是谁。

1)

(   )

2)

(   )

3)

(   )

4)

(   )

9. 다음의 마인드 맵에 따라 이야기해 보십시오. 依据下面的思维导图与同学聊一聊。

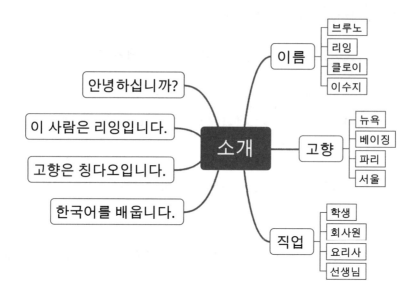

2-8 **가수** 歌手 **배우** 演员 **회사원** 职员 **은행원** 银行职员 **주부** 家庭主妇 **운전기사** 司机 **회계사** 会计师 **대학생** 大学生 **비서** 秘书 **오다** 来 **인사하다** 打招呼 **자다** 睡 **입다** 穿 **듣다** 听 **읽다** 读 **쓰다** 写 **말하다** 说 **운전하다** 开车、驾驶 **요리하다** 料理 **뉴욕** 纽约

제 ③ 과 소개 第三课 教室

– 교실에 무엇이 있습니까?
– 책상 위에 무엇이 있습니까?

[새 표현] 生词与表达[3]
– 교실에 책상과 의자가 있습니다.
– 학생들이 공부를 합니다.

---

3 **교실** 教室 **있다** 有、在 **책상** 书桌 **위** 上面 **의자** 椅子 **공부** 学习 **가방** 书包
시계 钟表 **연필** 铅笔 **컴퓨터** 电脑 **휴대전화** 手机 **저것** 那个（东西）**공책** 练习本
책 书 **안경** 眼镜 **지갑** 钱包 **우산** 雨伞 **휴지** 废纸 **칠판** 黑板 **에어컨** 空调 **커튼**
窗帘 **국기** 国旗

1. 다음을 듣고 맞는 것에 ○ 하십시오. 听录音，在正确的内容上面画○。

3-2

1)

(   )   (   )

2)

(   )   (   )

3)

(   )   (   )

4)

(   )   (   )

2. 다음을 듣고 맞으면 ○, 틀리면 X 하십시오. 听录音，正确的画○，错误的打X。

3-3

1)   – 컴퓨터가 있습니다.   (   )

      – 공책이 있습니다.   (   )

2) – 교실에 책이 있습니다. ( )

  – 안경과 책이 가방 안에 있습니다. ( )

3. 다음을 듣고 빈 칸에 알맞은 말을 쓰십시오. 听录音，完成表格。

3-4

리잉의 가방	
루한의 가방	

4. 다음을 듣고 대화를 완성하십시오. 听录音，完成对话。

3-5

선생님: ＿＿＿＿＿＿＿이 다니엘 씨 ＿＿＿＿＿＿＿입니까?

다니엘: 아니요, 제 ＿＿＿＿＿＿＿이 아닙니다. 리잉 씨 ＿＿＿＿＿＿＿입니다.

선생님: 저 ＿＿＿＿＿＿＿이 다니엘 씨 ＿＿＿＿＿＿＿입니까?

다니엘: 네, ＿＿＿＿＿＿＿이 제 ＿＿＿＿＿＿＿입니다.

선생님: ＿＿＿＿＿＿＿에 무엇이 있습니까?

다니엘: ＿＿＿＿＿＿＿가 있습니다. ＿＿＿＿＿＿＿과 ＿＿＿＿＿＿＿ 있습니다.

5. 다음 그림을 보고 <보기>와 같이 방에 무엇이 있는지 이야기해 보십시오. 看图，仿照例句说一说房间里面有什么。

<보기> 책상에 무엇이 있습니까? / 연필이 있습니다.

1)

2)

6. 친구와 교실에 무엇이 있는지 <보기>와 같이 이야기해 보십시오. 模仿例子，与朋友一起说一说教室里面有什么。

> <보기> 이것은 무엇입니까? / 저것은 칠판입니다. / 교실 앞에 칠판이 있습니다.

7. 다음의 마인드 맵에 따라 이야기해 보십시오. 依据下面的思维导图与同学聊一聊。

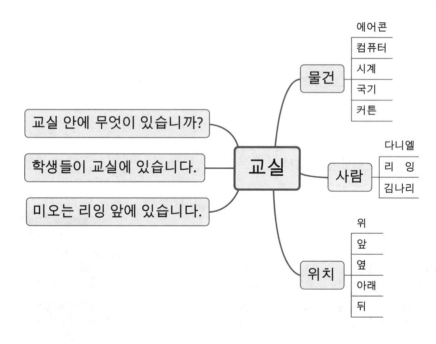

3-6 **필통** 笔袋 **창문** 窗户 **선풍기** 风扇 **물병** 水瓶 **이** 这（离说话人近） **그** 那（离听话人近、说话人远） **저** 那个（离二者都远） **이것** 这个（东西） **그것** 那个（东西） **여기** 这里（离说话人近） **거기** 那里（离听话人近、说话人远） **저기** 那（离二者都远） **아래** 下面

제④과 기숙사 第四课 宿舍

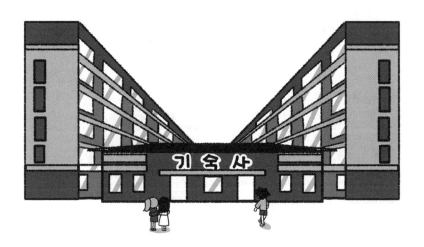

– 기숙사는 어디에 있습니까?
– 식당 근처에 무엇이 있습니까?

[새 표현] 生词与表达[4]
– 도서관 뒤에 학생회관이 있습니다.
– 서점은 학생회관 2층에 있습니다.

---

4 **기숙사** 宿舍 **식당** 食堂 **근처** 附近 **도서관** 图书馆 **학생회관** 学生活动中心 **층** （楼）层 **우체국** 邮局 **응급실** 急诊室 **은행** 银行 **병원** 医院 **물** 水 **사다** 买 **편의점** 便利店 **옆** 旁边 **뒤** 后面 **앞** 前面 **서점** 书店 **정문** 正门 **운동장** 运动场 **체육관** 体育馆 **강의동** 教学楼 **화장실** 卫生间 **커피숍** 咖啡厅 **영화관** 影院 **위치** 位置 **한국대학병원** 韩国大学医院 **대한은행** 大韩银行 **마트** 超市 **독서실** 自习室 **복사실** 复习室

1. 문장을 듣고 맞는 것에 ○ 하십시오. 听录音，在正确的内容上面画○。

1)

우체국

백화점

ㄱ. (   )

ㄴ. (   )

2)

응급실

해양은행

ㄱ. (   )

ㄴ. (   )

3)

기숙사

학생식당

ㄱ. (   )

ㄴ. (   )

4)

응급실

ㄱ. (   )

ㄴ. (   )

2. 어디에 있습니까? 맞는 곳을 연결하십시오. 听录音，将人物与相关场所连线。
4-3

1) 리잉

2) 루한

3) 이수지

3. 다음을 듣고 맞으면 ○, 틀리면 X 하십시오. 听录音，正确的画○，错误的打X。
4-4

1) – 기숙사는 도서관 뒤에 있습니다. ( )

– 도서관 앞에 학생회관이 있습니다. ( )

– 식당은 도서관 옆에 있습니다. ( )

2) – 학생회관에 병원도 있습니다. ( )

– 우체국은 편의점 옆에 있습니다. ( )

– 서점은 은행 앞에 있습니다. ( )

4. 다음 대화를 완성하십시오. 完成下面的对话。
4-5

남: 실례합니다. 이 _____ 은행이 있습니까?

여: 네, _____ 1층에 은행이 있습니다.

남: _____은 어디에 있습니까?

여: _____ 옆에 있습니다.

남: 기숙사는 _____ 뒤에 있습니까?

여: 아니요. 기숙사는 _____ 뒤에 있습니다.

5. 다음 그림을 보고 <보기>와 같이 이야기해 보십시오. 看图，模仿例子，用韩语说一说。

<보기> 한국대학병원은 어디에 있습니까? / 대한은행 뒤에 있습니다.

6. 다음은 학생회관입니다. 그림을 보고 <보기>와 같이 이야기해 보십시오. 下图是大学生活动中心。看图，并模仿例子用韩语说一说。

<보기> 우체국은 몇 층에 있습니까? / 우체국은 지하 1층에 있습니다.

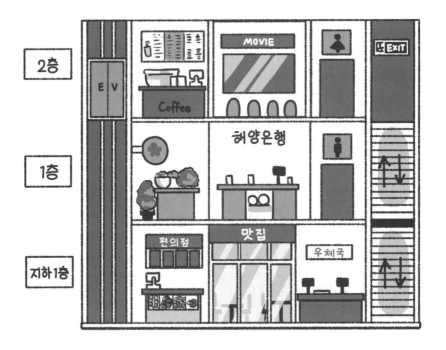

📣 **7.** <보기>에 있는 장소를 소개해 주세요. 模仿下表，用韩语介绍<例子>中给出的场所。

<보기> 운동장, 도서관, 체육관, 식당, 강의동, 독서실, 화장실, 커피숍, 영화관

📣 **8.** 다음의 마인드 맵에 따라 이야기해 보십시오. 依据下面的思维导图与同学聊一聊。

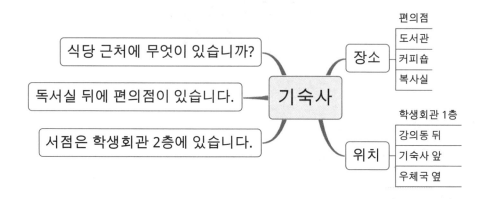

🔊 **실험실** 实验室　　**학과 행정실** 系办公室　　**문구점** 文具店　　**지하** 地下　　**지상** 地上　　**안** 里面
4-6　**밖** 外面　　**좌** 左　　**우** 右

제⑤과 가족 第五课 家人

- 우리 가족은 4 명입니다.
- 아버지, 어머니, 나, 남동생입니다.

[새 표현] 生词与表达5
- 가족 모두 몇 명입니까?
- 아버지는 공원에서 산책하십니다.

---

5 **가족** 家人 **우리** 我们 **명** 名（量词） **아버지** 爸爸 **어머니** 妈妈 **나** 我 **남동생** 弟弟 **몇** 几 **공원** 公园 **산책하다** 散步 **-시** 尊敬词尾 **누나** 姐姐（弟弟称呼时） **형** 哥哥（弟弟称呼时） **집** 家 **청소하다** 打扫 **일하다** 工作 **백화점** 百货商店 **물건** 东西 **팔다** 卖 **사진** 照片 **경찰관** 警官、警察（统称） **대학원** 研究生院 **고등학교** 高中 **다니다** 上、去 **계시다**（指长辈或上级）在（"있다"的尊敬词） **정치** 政治 **외교** 外交 **전공하다** 专攻、主修 **할아버지** 爷爷 **할머니** 奶奶 **공무원** 公务员 **고등학생** 高中生 **여동생** 妹妹 **오빠** 哥哥（妹妹称呼时） **웨이하이** 威海 **언니** 姐姐（妹妹称呼时） **주말** 周末 **자주** 经常 **이야기하다** 说、谈 **사이** 关系 **좋다** 好 **관계** 关系 **곳** 地方 **하얼빈** 哈尔滨 **-로** 助词（表示手段、方法或工具） **-도** 也（助词，表示包括） **-와** 和（助词，表示列举、比较对象） **-의** 助词（用在体词之后，表示所属关系）

1. 문장을 듣고 맞는 것에 ○ 하십시오. 听录音，在正确的图片上面画○。

1)

ㄱ. (　　)

ㄴ. (　　)

2)

ㄱ. (　　)

ㄴ. (　　)

2. 다음을 듣고 (　　)에 맞는 단어를 쓰십시오. 听录音，在 (　　) 里填写正确的表达。

1) 우리 (　　　　)은 5명입니다.

2) (　　　　)는 대학생입니다.

3) 아버지는 (　　　　)이십니다.

4) 형은 (　　　　) 직원입니다.

3. 다음을 듣고 맞는 것에 ○ 하십시오. 听录音，在正确的内容上面画○。

1)

ㄱ. (　　)

ㄴ. (　　)

2)

ㄱ. (　　　)

ㄴ. (　　　)

3)

ㄱ. (　　　)

ㄴ. (　　　)

4)

ㄱ. (　　　)

ㄴ. (　　　)

4. 다음을 듣고 맞으면 ○, 틀리면 X 하십시오. 听录音，正确的画○，错误的打X。

5-5

1) – 리잉 씨 아버지는 회사에 다니십니다. 　　　　　　　　　　　　　　　(　)

– 리잉 씨는 언니가 있습니다. 　　　　　　　　　　　　　　　　　　(　)

– 리잉 씨 언니는 대학원생입니다. 　　　　　　　　　　　　　　　　(　)

2) – 루한 씨 아버지는 의사입니다. 　　　　　　　　　　　　　　　　　(　)

– 루한 씨 여동생은 고등학생입니다. 　　　　　　　　　　　　　　　(　)

– 루한 씨 가족은 모두 4명입니다. 　　　　　　　　　　　　　　　　(　)

5. 다음을 듣고 빈 칸에 알맞은 말을 쓰십시오. 听录音，完成表格。

1)

가족 수	
아버지	
어머니	
오빠	
나	
동생	

2)

가족 수	
아버지	
어머니	
형	
나	

6. 다음을 듣고 가족 소개를 완성하십시오. 听录音，完成下面介绍家人的相关内容。

우리 가족은 모두_____. 저는 오빠가 한 명, 여동생이 한 명 있습니다. _____와 _____, 아버지, 어머니는 고향에 _____. 아버지는 _____. 어머니는 선생님이십니다. 여동생도 고향에 있습니다. 여동생은 _____. 오빠하고 저는 _____ 있습니다. 오빠는 회사에 다닙니다. 저는 대학생입니다. 대학교에서 한국어를 공부합니다. 주말에 오빠와 저는 _____ 자주 만납니다. 어머니와 전화로 _____. 우리 가족은 사이가 좋습니다.

7. 대학 친구에게 질문해 보고 다음 표를 채우십시오. 与同学相互问答，完成表格。

가족	무엇을 합니까?	어디에 삽니까?
아버지		
어머니		

8. 다음의 마인드 맵에 따라 이야기해 보십시오. 依据下面的思维导图与同学聊一聊。

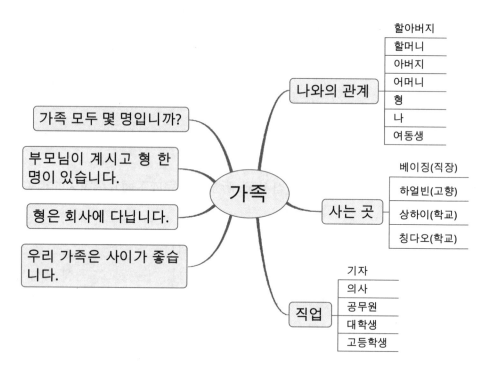

가족 모두 몇 명입니까?

부모님이 계시고 형 한 명이 있습니다.

형은 회사에 다닙니다.

우리 가족은 사이가 좋습니다.

가족

나와의 관계
할아버지
할머니
아버지
어머니
형
나
여동생

사는 곳
베이징(직장)
하얼빈(고향)
상하이(학교)
칭다오(학교)

직업
기자
의사
공무원
대학생
고등학생

하나 一 둘 二 셋 三 넷 四 다섯 五 여섯 六 일곱 七 여덟 八 아홉 九 열
十 -명 -名 대학원생 研究生 공부하다 学习 숙제하다 做作业 노래하다 唱歌 운
동하다 运动 모두 所有、全部

제 6 과 친구 第六课 朋友

- 저는 친구가 많습니다.
- 제 친구들이 모두 친절하고 착합니다.

<새 표현> 生词与表达[6]
- 주말에 청소를 하고 요리도 합니다.
- 친구와 같이 커피를 마시고 산책을 합니다.

---

6 **친구** 朋友 **많다** 多 **친절하다** 亲切 **착하다** 善良 **마시다** 喝 **꽃** 花 **예쁘다** 漂亮
날씨 天气 **넓다** 宽 **거리** 街、街道 **복잡하다** 复杂、混杂 **학원** 补习班 **점심** 午饭、
中午 **부럽다** 羡慕 **많이** 多 **사귀다** 结交 **아주** 很、非常 **다음** 下次 **같이** 一起 **정
말** 真的 **감사하다** 谢谢 **너무** 太 **내일** 明天 **시장** 市场 **남대문시장** 南大门市场 **아
파트** 公寓 **그럼** 那么 **여름방학** 暑假 **덥다** 热 **맵다** 辣 **맛있다** 好吃 **어떻다** 怎么样
크다 大 **조용하다** 安静 **휴가철** 休假季节 **바다** 大海 **깨끗하다** 干净 **바닷가** 海边
아름답다 漂亮 **경치** 景色 **분위기** 氛围 **해수욕장** 海水浴场 **시간** 时间 **보내다** 度
过、打发 **부산** 釜山

1. 다음을 듣고 맞는 것에 ○ 하십시오. 听录音，在正确的内容上面画○。

6-2

1)

ㄱ. (　　　)

ㄴ. (　　　)

2)

ㄱ. (　　　)

ㄴ. (　　　)

3)

ㄱ. (　　　)

ㄴ. (　　　)

4)

ㄱ. (　　　)

ㄴ. (　　　)

2. 다음을 듣고 (　　　)에 알맞은 말을 넣으십시오. 听录音，完成填空。

6-3

리잉: 루한 씨, 주말에 무엇을 합니까?

루한: 주말에 청소를 하고 (　　　　　) 합니다. 리잉 씨는 무엇을 합니까?

리잉: 저는 주말에 (　　　　　) 갑니다. 친구도 (　　　　　). 친구와 같이 (　　　　　) 먹습니다.

루한: (　　　　). 저도 친구를 많이 (　　　　) 싶습니다.

리잉: 좋습니다. 제 친구들이 아주 (　　　　). 다음에 같이 만나요.

루한: (　　　　)? 너무 감사합니다.

3. 다음을 듣고 맞으면 ○, 틀리면 X 하십시오. **听录音, 正确的画○, 错误的打X。**

1) – 클로이 씨는 내일 친구를 만납니다.　　　　　　　　　　　　　　　(　　)

　　– 미오 씨는 내일 영화를 봅니다.　　　　　　　　　　　　　　　　　(　　)

　　– 클로이 씨는 내일 남대문시장에 갑니다.　　　　　　　　　　　　　(　　)

2) – 리잉 씨 고향은 춥습니다.　　　　　　　　　　　　　　　　　　　　(　　)

　　– 리잉 씨는 고향에서 한국 음식을 먹습니다.　　　　　　　　　　　　(　　)

　　– 한국 음식은 맵고 맛있습니다.　　　　　　　　　　　　　　　　　　(　　)

4. 다음 대화를 듣고 질문에 답하십시오. **听录音, 回答问题。**

1) 리잉 씨는 무엇을 합니까?

　_____

2) 도서관은 어떻습니까?

　_____

5. 다음을 듣고 빈칸에 알맞은 말을 쓰십시오. **听录音, 完成填空。**

　이번 _____ 휴가철에는 _____ 칭다오에 갑니다. 칭다오 바다가 _____ _____. 바닷가에는 사람이 _____. 아름다운 경치를 보고 _____ _____. 그리고 칭다오 바닷가에 분위기 좋은_____과 _____들이 많습니다. 바다를 _____고 시간을 보내기 좋은 곳입니다.

6. 주말에 무엇을 합니까? 표를 완성하고 친구와 이야기해 보십시오. **周末都做什么？填表并与朋友聊一聊。**

어디에 갑니까?		
누구를 만납니까?		

무엇을 합니까?	
분위기가 어떻습니까?	

7. <보기>와 같이 '-고' 를 사용해서 문장을 연결하는 게임을 해 보십시오. 仿照例子，与同学一起玩用"-고"连接句子的游戏。

<보기>

밥을 먹습니다.

밥을 먹고 고기도 먹습니다.

밥을 먹고 고기도 먹고 야채도 먹습니다.

......

8. 다음의 마인드 맵에 따라 이야기해 보십시오. 依据下面的思维导图与同学聊一聊。

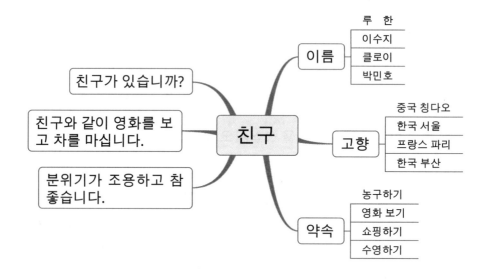

친구가 있습니까?

친구와 같이 영화를 보고 차를 마십니다.

분위기가 조용하고 참 좋습니다.

친구

이름
루 한
이수지
클로이
박민호

고향
중국 칭다오
한국 서울
프랑스 파리
한국 부산

약속
농구하기
영화 보기
쇼핑하기
수영하기

6-7 **적다** 少 **좁다** 窄 **높다** 高 **낮다** 矮 **춥다** 冷 **시원하다** 凉爽、凉快 **따뜻하다** 暖和 **쇼핑** 购物 **시다** 酸 **달다** 甜 **쓰다** 苦 **짜다** 咸 **맛없다** 不好吃 **작다** 小 **시끄럽다** 吵闹 **활발하다** 活跃 **여름** 夏季 **봄** 春季 **가을** 秋季 **겨울** 冬季 **더럽다** 脏 **구경하다** 观光 **차** 茶 **약속** 约定 **수영하다** 游泳 **겨울방학** 寒假

제7과 시간 第七课 时间

- 몇 시에 학교에 갑니까?
- 수업이 몇 시에 끝납니까?

[새 표현] 生词与表达[7]

- 지금 몇 시입니까?
- 한 시에 수업을 듣습니다.

---

7 **몇** 几 **시** 点 **끝나다** 结束 **지금** 现在 **오후** 下午 **분** 分 **오전** 上午 **저녁** 晚上，晚饭 **-쯤** 左右（表示程度） **아침** 早晨、早饭 **잠을 자다** 睡觉 **오늘** 今天 **듣기 수업** 听力课 **날마다** 每天 **-반** 半 **매일** 每天 **회화** 会话 **연습** 练习 **-전** 前 **보통** 一般 **농구** 篮球 **시합** 比赛 **일어나다** 起床 **언제** 什么时候 **쓰기 수업** 写作课 **일일 드라마** 每日剧 **방송** 播放 **시작하다** 开始 **지하철** 地铁 **타다** 乘坐 **하지만** 但是、可是 **간단하다** 简单 **빵** 面包 **우유** 牛奶 **계란후라이** 煎鸡蛋 **정도** （恰当的）度、程度 **모닝** 早晨 **잔** 杯 **쓰기 숙제** 写作作业 **읽기 숙제** 阅读作业 **부르다** 唱 **다르다** 不同、不一样 **다** 都、全 **부모님** 父母亲 **좀** 少量、一点儿 **이야기를 나누다** 交谈 **졸업하다** 毕业 **바라다** 希望、期望 **앞으로** 以后 **고민** 思考、烦恼 **바쁘다** 忙碌 **의미있다** 有意义 **하루** 一天 **회의하다** 开会

1. 문장을 듣고 맞는 것에 ○ 하십시오. 听录音，在正确的内容上面画○。

7-2

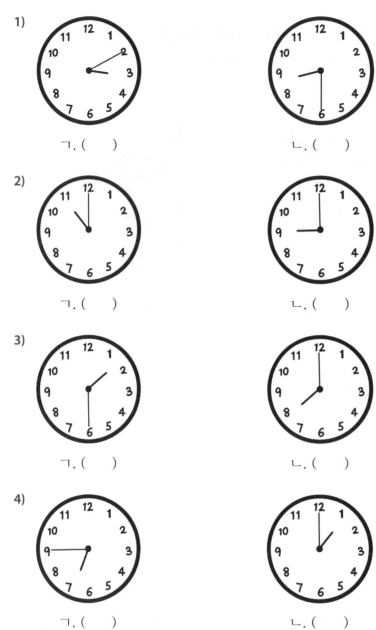

1)

ㄱ. (　　) ㄴ. (　　)

2)

ㄱ. (　　) ㄴ. (　　)

3)

ㄱ. (　　) ㄴ. (　　)

4)

ㄱ. (　　) ㄴ. (　　)

2. 다음을 듣고 관계 있는 것을 연결하십시오. 听录音，将左右两列中相关图片连线。

7-3

1)

ㄱ.

2)

ㄴ.

3)

ㄷ.

3. 다음을 듣고 빈칸에 맞는 단어를 쓰십시오. 听录音，完成填空。

7-4

1) 오늘 듣기 수업은 ＿＿＿＿＿＿＿예요?

2) 리잉 씨는 오전 ＿＿＿＿＿＿부터 ＿＿＿＿＿＿까지 한국어를 배웁니다.

3) ＿＿＿＿＿＿ 저녁 ＿＿＿＿＿＿쯤 친구들을 만나서 회화 연습을 해요.

4) 지금은 7시 ＿＿＿＿＿＿입니다.

5) 그 친구는 보통 ＿＿＿＿＿＿쯤 식당에 가서 ＿＿＿＿＿＿을 먹어요.

6) 오늘의 ＿＿＿＿＿＿은 오후 3시 20분부터 ＿＿＿＿＿＿까지입니다.

4. 듣고 맞는 답을 고르십시오. 听录音，选择正确的回答。

7-5

1) ㄱ. 7시 10분에 일어납니다.　　　　　　ㄴ. 친구가 일어납니다.

2) ㄱ. 오늘은 11시 45분에 먹어요.　　　　ㄴ. 오후 5시 30분에 먹어요.

3) ㄱ. 내일입니다.　　　　　　　　　　　ㄴ. 오전 10시입니다.

4) ㄱ. 저녁 7시요.　　　　　　　　　　　ㄴ. 아침 8시요.

5) ㄱ. 아침 6시 20분부터요.　　　　　　ㄴ. 아침 6시 20분까지요.

6) ㄱ. 7시 50분쯤이요.　　　　　　　　ㄴ. 7시 10분 전이요.

5. 다음을 듣고 맞으면 ○ 틀리면 X 하십시오. 听录音，正确的画○，错误的打X。

7-6

1) – 남자는 아홉 시까지 학교에 갑니다.　　　　　　　　　　　(　)

　 – 여자는 5시 20분에 수업이 끝납니다.　　　　　　　　　　(　)

　 – 남자는 수업이 끝나면 친구들과 영화를 봅니다.　　　　　(　)

2) – 여자는 회사에 8시까지 갑니다.　　　　　　　　　　　　(　)

　 – 남자는 매일 회사에서 아침을 먹습니다.　　　　　　　　(　)

　 – 남자는 아침에 커피를 안 마십니다.　　　　　　　　　　(　)

6. 다음을 듣고 순서에 맞는 그림에 번호를 쓰십시오. 听录音，为图片排序。

7-7

(　)

(　)

(　)

(　)

7. 베이징 시간을 기준으로 해서 여러분의 하루 일과를 이야기해 봅시다. 请大家以北京时间为基准，用韩语聊一聊自己一天的生活。

_____

_____

_____

_____

_____

8. 다음의 마인드 맵에 따라 이 친구들의 하루 일과를 이야기해 보십시오. 依据下面的思维导图与同学聊一聊这些朋友一天的生活。

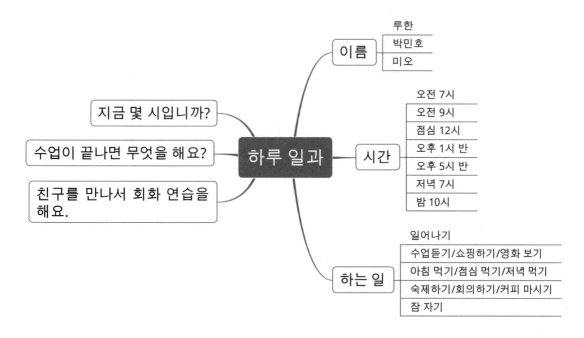

7-8

축구 足球　**테니스** 网球　**배구** 排球　**탁구** 乒乓球　**당구** 台球　**말하기** 说　**안** 不（否定副词）　**휴게실** 休息室　**쉬다** 休息　**기다리다** 等、等待　**약속하다** 约定　**예약하다** 预约　**취소하다** 取消　**자주** 经常　**가끔** 偶尔

제 8 과 계획 第八课 计划

日	月	火	水	木	金	土
					1 영어 수업	2
3	4 한국어 수업	5	6 점심 약속	7	8 탁구 시합	9
10	11	12	13	14	15	16 알바 하기
17	18 영어 수업	19 한국어 수업	20	21 요가 배우기	22	23 영화 보기
24/31	25	26	27	28	29	30

– 방학에 무엇을 하고 싶습니까?
– 다음 주말에 무엇을 할 겁니까?

[새 표현] 生词与表达[8]
– 오늘은 몇 월 며칠입니까?
– 이번 주말에 무슨 계획이 있으세요?

8-1

8 **계획** 计划　**방학** 放假　**월** 月　**일** 日　**며칠** 几号　**무슨** 什么　**일** 一　**이** 二　**삼** 三　**사** 四　**오** 五　**육** 六　**칠** 七　**팔** 八　**구** 九　**십** 十　**백** 百　**천** 千　**만** 万　**억** 亿　**요일** 星期　**월요일** 星期一　**화요일** 星期二　**수요일** 星期三　**목요일** 星期四　**금요일** 星期五　**토요일** 星期六　**일요일** 星期日　**배** 肚子　**아프다** 痛　**함께** 一起　**식사하다** 用餐　**휴일** 休息日　**생일 파티** 生日派对　**지하철역** 地铁站　**재미있다** 有趣、有意思　**생신** 生日（生日的敬语）　**빠르다** 快、迅速　**체육 시험** 体测　**요가 학원** 瑜伽学习班　**취미 생활** 业余爱好　**배낭 여행** 背包旅行　**옛날 친구** 老朋友

1. 다음을 듣고 그림에 맞는 것에 ○ 하십시오. 听录音，在正确的图片上面画○。

8-2

1)

3

일	월	화	수	목	금	토
		1	2	3	4	5
6	7	8	9	10	11	12
13	14	15	16	17	18	19
(20)	21	22	23	24	25	26
27	28	29	30	31		

3

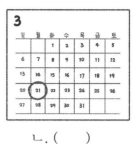

일	월	화	수	목	금	토
		1	2	3	4	5
6	7	8	9	10	11	12
13	14	15	16	17	18	19
20	(21)	22	23	24	25	26
27	28	29	30	31		

ㄱ. (　　　)　　　　ㄴ. (　　　)

2)

일	월	화	수	목	금	토
			1	2	3	4
5	(6)	7	8	9	10	11
12	13	14	15	16	17	18
19	20	21	22	23	24	25
26	27	28	29	30	31	

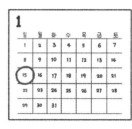

일	월	화	수	목	금	토
			1	2	3	4
5	6	7	8	(9)	10	11
12	13	14	15	16	17	18
19	20	21	22	23	24	25
26	27	28	29	30	31	

ㄱ. (　　　)　　　　ㄴ. (　　　)

3)

1

일	월	화	수	목	금	토
1	2	3	4	5	6	7
8	9	10	11	12	13	14
15	16	17	18	19	20	21
22	23	24	(25)	26	27	28
29	30	31				

1

일	월	화	수	목	금	토
1	2	3	4	5	6	7
8	9	10	11	12	13	14
(15)	16	17	18	19	20	21
22	23	24	25	26	27	28
29	30	31				

ㄱ. (　　　)　　　　ㄴ. (　　　)

4)

12

일	월	화	수	목	금	토
				1	2	3
4	5	6	7	8	9	10
11	12	13	14	15	16	17
18	19	20	21	22	23	24
25	26	(27)	28	29	30	31

12

일	월	화	수	목	금	토
				1	2	3
4	5	6	7	8	9	10
11	12	13	14	15	16	(17)
18	19	20	21	22	23	24
25	26	27	28	29	30	31

ㄱ. (　　　)　　　　ㄴ. (　　　)

제 8 과 계획　第八课 计划　|　**45**

2. 문장을 듣고 알맞은 것을 연결하십시오. 听录音，将左右两列中内容相关图片连线。

8-3

1) 월요일

ㄱ.

2) 수요일

ㄴ.

3) 목요일

ㄷ.

4) 토요일

ㄹ.

3. 다음을 듣고 (   )에 맞는 단어를 쓰십시오. 听录音，在（   ）里填写正确的表达。

8-4

1) 오늘은 몇 월 (   )입니까?

2) (   )부터 (   )까지 수업이 있습니다.

3) (   ) 주말에 친구들과 만나서 쇼핑을 하고 저녁을 먹었습니다.

4) 이번 (   )에 무엇을 할 거예요?

4. 녹음을 듣고 알맞은 답을 고르십시오. 听录音，选择正确的回答。

8-5

1) ㄱ. 월요일입니다.   ㄴ. 2월 7일입니다.

2) ㄱ. 다음 주에 시작합니다.   ㄴ. 내일입니다.

3) ㄱ. 목요일입니다.   ㄴ. 4월 30일입니다.

4) ㄱ. 쇼핑을 하고 싶습니다.   ㄴ. 운동을 했습니다.

5. 다음을 듣고 맞으면 ○, 틀리면 X 하십시오. 听录音，正确的画○，错误的打X。

1) – 남자는 이번 주말에 생일 파티가 있습니다. ( )

– 여자는 지난 주말에 시내에서 친구들을 만났습니다. ( )

– 여자는 다음 주에 집에서 생일 파티를 하고 싶어합니다. ( )

2) – 여자는 방학에 고향에 갈 것입니다. ( )

– 남자는 고향에서 가족들을 만나고 싶어합니다. ( )

– 여자는 고향에서 등산을 하고 고향 음식을 만들고 싶어합니다. ( )

6. 다음을 듣고 계획을 써 보십시오. 听录音，制定一份周计划。

월요일	화요일	수요일	목요일	금요일

7. 대화를 듣고 질문에 답하십시오. 听录音，回答问题。

1) 두 사람은 어디에서 만나기로 했습니까? ( )

ㄱ. 바닷가　　　ㄴ. 기숙사 앞　　　ㄷ. 도서관 뒤　　　ㄹ. 지하철역

2) 녹음을 듣고 내용과 같은 것을 고르십시오. ( )

ㄱ. 여자는 지난 주말에 바다에 갔습니다.

ㄴ. 남자는 주말에 고향에 갈 것입니다.

ㄷ. 두 사람은 같이 산책하기로 했습니다.

ㄹ. 두 사람은 은행 앞에서 만납니다.

8. 듣고 질문에 답하십시오. 听录音，完成表格。

이름	장소	이유
리잉		
브루노		

9. 지난 주에 무엇을 했습니까? 다음 표를 완성하고 <보기>와 같이 이야기해 보십시오. 你上周做什么了？完成下表，并参照示例用韩语聊一聊。

<보기> 저는 지난 주 월요일에는 수업이 있어서 학교에 갔습니다. 학교에서 수업을 하고 친구들과 함께 점심을 먹었습니다. 화요일에는 ……

월요일	화요일	수요일	목요일	금요일	토요일	일요일

10. 다음의 마인드 맵에 따라 친구들과 같이 주말이나 방학 계획을 이야기해 보십시오. 参照下面的思维导图，与朋友一起聊一聊自己的周末或假期计划。

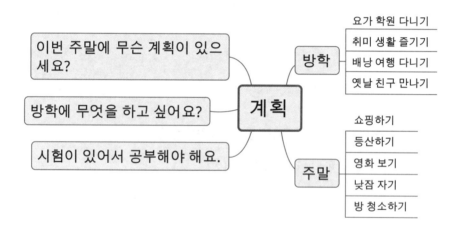

8-10 **개학** 开学 **평일** 周中 **유월** 六月 **시월** 十月 **며칠** 几号 **지난** 过去的 **휴가** 休假 **지난 달** 上个月 **이번 달** 这个月 **다음 달** 下个月 **지난 주** 上周 **이번 주** 这周 **다음 주** 下周 **즐기다** 享受、喜欢 **낮잠** 午睡 **배낭여행** 背包旅行 **요가** 瑜珈 **청소** 打扫卫生

제 9 과 시장 第九课 市场

– 여기는 어디입니까?
– 여기서 무엇을 삽니까?

[새 표현] 生词与表达[9]

– 시장에 물건을 사러 가요.
– 좀 비싼데 깎아 주세요.

9 **비싸다** 贵 **깎다** 消、减（价钱） **사과** 苹果 **상하다** 腐烂、变质 **가지** 茄子 **참** 真 （副词） **싱싱하다** 新鲜 **야채** 青菜 **다양하다** 品种多样 **해산물** 海产品 **풍부하다** 丰 富 **노란색** 黄色 **치마** 裙子 **입어 보다** 试穿（衣服） **검은색** 黑色 **운동화** 运动鞋 **신 어 보다** 试穿（鞋子） **파란색** 蓝色 **모자** 帽子 **써 보다** 试戴（帽子、眼镜） **하얀색** 白 色 **셔츠** 衬衫 **빨간색** 红色 **넥타이** 领带 **매 보다** 试戴（领带） **싸다** 便宜 **가깝다** 近 **짧다** 短 **튼튼하다** 结实 **면바지** 棉布裤子 **가격** 价格 **어제** 昨天 **코트** 大衣、外 套 **청바지** 牛仔裤 **구두** 皮鞋 **동대문시장** 东大门市场 **쇼핑몰** 购物中心 **그런데** 可 是 **같다** 相同、一样 **번** 次 **개** 个 **케이크** 蛋糕 **고등어** 青花鱼 **생선** 鱼、鲜鱼

1. 다음을 듣고 맞는 그림을 고르십시오. 听录音，选择正确的图片。

1)

ㄱ. (　　) ㄴ. (　　)

2)

ㄱ. (　　) ㄴ. (　　)

3)

ㄱ. (　　) ㄴ. (　　)

4)

ㄱ. (　　) ㄴ. (　　)

2. 다음을 듣고 관계 있는 것을 연결하십시오. 听录音，将左右两列中相关内容连线。

9-3

1) 수지   ㄱ.

2) 준호   ㄴ.

3) 리잉   ㄷ.

4) 루한   ㄹ.

3. 다음을 듣고 (   )에 알맞은 말을 쓰십시오. 听录音，完成填空。

9-4

1) 백화점 물건은 (   ) 시장 물건은 (   ).

2) 우리 집은 지하철역에서 (   ) 시장에서 (   ).

3) 이 치마는 (   ) 좀 비쌉니다.

4) 저 가방은 작지만 (   ).

4. 다음 질문에 알맞은 답을 하십시오. 听录音，选择正确的回答。

9-5

1) ㄱ. 아니요, 짧아서 싫어요.   ㄴ. 네, 따뜻해서 좋아요.

2) ㄱ. 너무 짧아요.   ㄴ. 아니요, 치마가 아니에요.

3) ㄱ. 아저씨, 저 사과 5개 주세요.   ㄴ. 아저씨, 저 가지 5개 주세요.

4) ㄱ. 네, 바지를 샀어요.   ㄴ. 네, 저 하얀색 청바지를 사고 싶어요.

5. 다음을 듣고 맞는 것에 ○, 틀리면 X 하십시오. 听录音，正确的画○，错误的画X。

1) - 남자는 구두를 사고 싶습니다. （　　）

- 여자는 파란색 구두가 집에 있습니다. （　　）

- 여자는 남자와 같이 구두를 사러 왔습니다. （　　）

2) - 두 사람은 주말에 약속을 했습니다. （　　）

- 두 사람은 동대문시장에 가기로 했습니다. （　　）

- 수지 씨는 가방을 사고 싶어합니다. （　　）

6. 다음을 듣고 질문에 맞는 답을 하십시오. 听录音，回答问题。

1) 두 사람은 어디에서 이야기하고 있습니까? （　　）

ㄱ. 은행　　　　　　　ㄴ. 공원　　　　　　　ㄷ. 시장

2) 여자는 무엇을 샀습니까? （　　）

ㄱ. 검은색 면바지　　　ㄴ. 하얀색 면바지　　　ㄷ. 파란색 면바지

7. 다음을 듣고 빈칸에 알맞은 표현을 쓰십시오. 听录音，填空。

　　우리 집 ＿＿＿＿＿＿＿큰 시장이 있습니다. 그래서 저는 그 시장에 ＿＿＿＿＿＿＿ 갑니다. 시장에는 싸고 좋은 물건이 많습니다. 가격도 ＿＿＿＿＿＿＿ 가게 아주머니들도 ＿＿＿＿＿＿＿. 그래서 시장에는 ＿＿＿＿＿＿＿ 사람이 많습니다. 어제 저는 동생과 같이 구두를 사러 시장에 갔습니다. 저는 검은색 바지와 구두를 샀고 동생은 ＿＿＿＿＿＿＿ 운동화를 샀습니다. 쇼핑이 ＿＿＿＿＿＿＿우리는 시장에서 ＿＿＿＿＿＿＿먹고 돌아왔습니다. 즐거운 하루였습니다.

8. 여러분은 인터넷으로 물건을 살 수 있습니까? 중국의 인터넷 쇼핑몰에서는 다양한 물건을 편리하게 살 수 있습니다. 어떤 물건을 왜 샀는지 친구와 이야기해 보십시오. 大家都会网购吗？在中国购物网站上很容易买到各种各样的商品。跟朋友聊一聊你在网上都买过哪些东西，为什么要在这里买。

산 곳	산 물건	이유

9. 중국은 땅이 넓은 나라이며 각 지역에서 나오는 과일들이 다양합니다. 인터넷 산업 및 물류업의 발달로 지금은 북쪽에서 사는 사람들도 열대 과일을 쉽게 구할 수 있습니다. 여러분이 지금 열대 과일을 사고 싶은 헤룽지앙성 사람이라고 가정한 다음, 어떤 방법으로 살 것인지 친구와 같이 이야기해 보십시오. 中国幅员辽阔，各地方盛产的水果多种多样。随着网络及物流业的发展，现在生活在北方的人们也很容易买到南方的热带水果。假设你是想买热带水果的黑龙江人，请与朋友谈一谈你将用哪些方法购买呢？

10. 다음의 마인드 맵에 따라 친구와 같이 이 물건들을 어디서 어떻게 구입해야 하는지 이야기해 보십시오. 参照下面的思维导图，与朋友聊一聊如何购买下列商品。

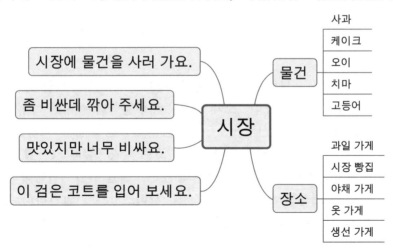

시장에 물건을 사러 가요.

좀 비싼데 깎아 주세요.

맛있지만 너무 비싸요.

이 검은 코트를 입어 보세요.

시장

물건
사과
케이크
오이
치마
고등어

장소
과일 가게
시장 빵집
야채 가게
옷 가게
생선 가게

9-9 **멀다** 远 **색깔** 颜色 **길다** 长 **낫다** 好 **어울리다** 适合、相称 **떡볶이** 炒年糕 **친절하다** 亲切、热情 **언제나** 无论什么时候 **돌아오다** 返回 **즐겁다** 欢乐 **케이크** 蛋糕 **고등어** 青鱼 **빵집** 面包店

제 ⑩ 과 백화점　第十课 百货商店

- 유명한 브랜드를 사고 싶으면 어디로 가야 합니까?
- 어머니 생신 선물을 사러 백화점에 갑니다.

[새 표현] 生词与表达[10]
- 이 브랜드는 명절 세트로 제일 많이 팔립니다.
- 럭셔리한 소재와 캐주얼한 디자인으로 젊은 사람들에게 인기가 많아요.

---

10 **유명하다** 有名、知名　**브랜드** 品牌　**명절 세트** 节日礼包　**제일** 最　**팔리다** 被卖
（팔다的被动态）　**럭셔리하다** 奢华　**소재** 材质　**캐주얼하다** 休闲的　**디자인** 设计　**젊**
다 年轻　**인기가 많다** 受欢迎　**찾다** 找、寻　**손님** 顾客　**품질** 品质　**스카프** 围巾、颈巾
유행하다 流行　**위스키** 威士忌　**좋아하다** 喜欢　**코트** 大衣　**켤레** 双　**벌** 套　**장** 张、件
송이 朵　**목걸이** 项链　**색상** 色、色调　**피부색** 肤色　**설날** 春节　**귀중하다** 贵重　**드리**
다 给（주다）的敬语　**화장품** 化妆品　**신발** 鞋　**사이즈** 尺寸　**할인하다** 打折　**잠깐만**
片刻、一会儿　**말씀** 话（말的敬语）　**세일** 甩卖　**품목** 品名、货单　**노트북** 笔记本电脑
학생증 学生证　**더** 再、还　**동안** 期间　**영업하다** 营业　**참여** 参与　**꽃가게** 花店　**저**
희 我们（우리的谦称）　**카드 결제** 信用卡结账　**보조베터리** 充电宝　**종류** 种类　**유선** 有
线　**무선** 无线　**충전하다** 充电　**품질** 品质　**반응** 反馈、反应　**성능** 性能　**약간** 稍微、
有点　**적당하다** 合适、适当　**전부** 全、都　**고객** 顾客　**엄청** 非常、相当　**본체** 本体、
本机　**편하다** 方便

1. 다음을 듣고 맞는 것에 ○ 하십시오. 听录音，在正确的内容上面画○。

10-2

1)

ㄱ. (　　) 　　　　　　　　ㄴ. (　　)

2)

ㄱ. (　　) 　　　　　　　　ㄴ. (　　)

3)

ㄱ. (　　) 　　　　　　　　ㄴ. (　　)

4)

ㄱ. (　　) 　　　　　　　　ㄴ. (　　)

2. 다음을 듣고 물건의 값을 적어 보십시오. 听录音，写出物品的价格。

1) (　　　) 원　　　　　2) (　　　) 원

3) (　　　) 원　　　　　4) (　　　) 원

5) (　　　) 원　　　　　6) (　　　) 원

3. 다음을 듣고 문장을 완성하십시오. 听录音，填空。

1) 이 목걸이의 (　　　　　)이/가 너무 예쁘지요?

2) 이 여자 구두는 한 (　　　　　)에 삼십만 원이에요.

3) 이 코트는 예쁜데 (　　　　　)이/가 제 피부색에 안 어울려요.

4) 설날에 선생님께 (　　　　　) 선물을 드리고 싶어요.

4. 다음을 듣고 맞는 답을 고르십시오. 听录音，选择正确的回答。

1) ㄱ. 15만 원입니다.　　　　　　　ㄴ. 네, 가방입니다.

2) ㄱ. 옷이 큽니다.　　　　　　　　ㄴ. 여기 있습니다.

3) ㄱ. 선물이 비쌉니다.　　　　　　ㄴ. 화장품을 삽시다.

4) ㄱ. 예쁜데 좀 작아요.　　　　　　ㄴ. 35,000원입니다.

5. 다음을 듣고 맞으면 ○, 틀리면 X 하십시오. 听录音，正确的画○，错误的打X。

1) ‒남자는 신발을 사고 싶습니다.　　　　　　　　　　　　　　(　　)

　　‒구두는 한 켤레에 18만 원입니다.　　　　　　　　　　　(　　)

　　‒남자는 좀 싼 운동화를 찾고 있습니다.　　　　　　　　　(　　)

2) - 여자는 치마를 사러 왔습니다. ( )

- 긴 치마는 삼만 원입니다. ( )

- 여자는 파란색 긴 치마를 입어 봅니다. ( )

6. 다음을 듣고 메모하십시오. 听录音，记录并填空。

장소	
세일 기간	
세일 품목	
영업 시간	

7. 다음을 듣고 질문에 답하십시오. 听录音，选择正确的答案。

1) 두 사람은 어디에서 이야기하고 있습니까? ( )

ㄱ. 전자제품 가게　　　　ㄴ. 서점　　　　ㄷ. 꽃가게　　　　ㄹ. 편의점

2) 다음 중 들은 내용과 같은 것은 무엇입니까? ( )

ㄱ. 남자는 한국 제품을 샀습니다.

ㄴ. 남자는 중국 제품을 샀습니다.

ㄷ. 남자는 유선으로 충전하는 것을 좋아합니다.

ㄹ. 여자는 비싼 제품을 추천합니다.

8. 친구와 같이 백화점 패션 브랜드를 판매하는 직원과 손님이 되어 한국어로 대화를 나눠 보십시오. 与朋友一起模仿百货商店售货员与顾客用韩语编一段对话。

9. 다음 주말은 리잉 씨 어머니의 생신입니다. 부모님께 생신 선물을 드리는 게 자녀로서의 효도를 표현하는 방법입니다. 그래서 리잉 씨는 이번 주말에 백화점에 가서 어머니 선물을 사러 갈 겁니다. 다음 마인드 맵에 따라 어느 백화점에 가서 어떤 선물을 사는 게 좋을지 리잉 씨와 이야기해 보십시오. 下周末是李英妈妈的生日。送父母生日礼物是子女表达孝心的方法之一。因此，李英这周末要去百货商店给妈妈买生日礼物。请你参照下面的思维导图，与李英一起聊一聊到哪个百货商店买什么礼物更合适。

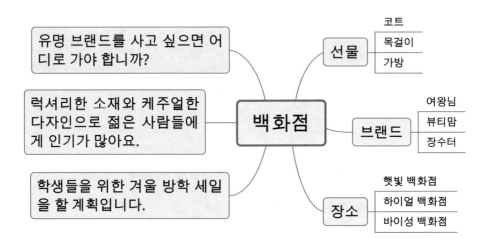

추석 中秋　단오 端午　대보름 元宵　신발 鞋子　선물하다 送礼物　구매하다 购买　쿠폰 商品券　할인 행사 打折活动　인형 玩偶　사은품 赠品　또 还有　권 本、册　병 瓶　마리 条　팩 包（量词）　햇빛 阳光

제 ⑪ 과 한국 음식 第十一课 韩国料理

– 한국 음식을 먹어 봤습니까?
– 어떤 음식을 제일 좋아합니까?

[새 표현] 生词与表达[11]
– 삼계탕을 먹어 봤습니까?
– 김치를 직접 담가 봤습니다.

---

11 **삼계탕** 参鸡汤 **김치** 泡菜 **직접** 直接 **담그다** 腌（泡菜等） **건강** 健康 **비빔밥** 拌饭 **김밥** 紫菜包饭 **불고기** 烤牛肉 **떡국** 年糕汤 **송편** 松饼 **미역국** 海带汤 **잡곡밥** 杂粮饭 **나물** 野菜 **떡볶이** 炒年糕 **맵다** 辣 **외국인** 外国人 **잡채** 什锦炒菜 **시키다** 点（菜） **별로** 不怎么 **야채비빔밥** 野菜拌饭 **이따가** 过（一）会儿 **뜨겁다** 烫 **인삼** 人参 **마늘** 大蒜 **들어가다** 入、进入 **힘이 나다** 有劲（儿）、长劲（儿） **찜닭** 炖鸡 **닭** 鸡 **감자** 土豆 **양파** 洋葱 **당근** 胡萝卜 **당면** 粉条 **설탕** 白糖 **넣다** 放入、装 **달다** 甜 **짜다** 咸 **맛이 나다** 有味道 **명절** 节日、佳节 **특별히** 特别 **모양** 模样、样子 **깨** 芝麻 **밤** 栗子 **콩** 豆子 **지역** 地域 **국물** 汤、汤汁 **쇠고기** 牛肉 **맛(을) 내다** 提味儿 **끓이다** 煮 **익다** 熟 **파** 大葱 **계란** 鸡蛋 **올리다** 放、搁（오르다的使动形态） **완성하다** 完成 **살** 岁 **그릇** 碗 **꼭** 一定 **물만두** 水饺 **동지** 冬至 **결혼식** 结婚典礼

1. 다음을 듣고 맞는 것에 ○ 하십시오. 听录音，在正确的内容上面画○。

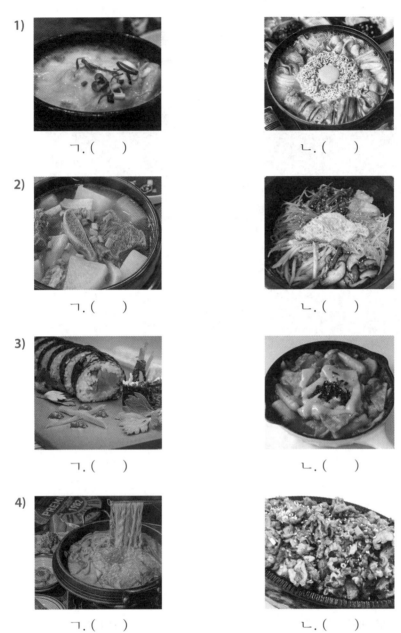

1)

ㄱ. (　　) ㄴ. (　　)

2)

ㄱ. (　　) ㄴ. (　　)

3)

ㄱ. (　　) ㄴ. (　　)

4)

ㄱ. (　　) ㄴ. (　　)

2. 다음을 듣고 맞는 것을 연결하십시오. **听录音，将左右两列中相关的内容连线。**

1) 설날   ㄱ.

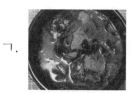

2) 추석   ㄴ.

3) 생일   ㄷ.

4) 대보름   ㄹ.

3. 다음을 듣고 문장을 완성하십시오. **听录音，完成填空。**

1) 한국 사람들은 여름에 (   )을 많이 먹습니다.

2) (   )는 조금 (   ) 맛있습니다.

3) (   )은 한국의 전통 음식입니다.

4) 외국인이 제일 좋아하는 한국 음식은 (   )와 (   )입니다.

4. 다음을 듣고 질문에 맞는 답을 고르십시오. **听录音，选择正确的回答。**

1) ㄱ. 네, 먹어 봤어요.   ㄴ. 삼계탕이에요.

2) ㄱ. 맛있지만 매워요   ㄴ. 한국 음식이에요.

3) ㄱ. 잘 비벼서 먹어요.   ㄴ. 너무 맵습니다.

4) ㄱ. 열 두시에 먹읍시다.   ㄴ. 불고기를 먹읍시다.

5. 다음을 듣고 맞으면 ○, 틀리면 X 하십시오. 听录音，正确的画○，错误的打X。

1) – 두 사람은 한국 식당에 갔습니다.   (   )

     – 남자는 비빔밥을 먹고 싶어합니다.   (   )

     – 두 사람은 불고기를 먹으러 갑니다.   (   )

2) – 남자는 요즘 입맛이 없습니다.   (   )

     – 여자는 냉면을 먹고 싶습니다.   (   )

     – 두 사람은 삼계탕을 먹기로 했습니다.   (   )

6. 다음을 듣고 빈칸에 맞는 말을 쓰십시오. 听录音，完成表格。

음식 이름	
재료	
맛	

7. 다음을 듣고 질문에 맞는 답을 고르십시오. 听录音，选择正确的答案。

1) 무엇에 대한 대화입니까? (   )

   ㄱ. 명절   ㄴ. 음식   ㄷ. 인사   ㄹ. 날씨

2) 다음을 듣고 들은 내용과 같은 것을 고르십시오. (   )

   ㄱ. 남자는 송편을 먹어본 적이 있습니다.

   ㄴ. 송편은 팥을 넣어서 만듭니다.

   ㄷ. 여자는 깨가 들어간 송편을 좋아합니다.

   ㄹ. 송편은 재료에 따라 맛이 다릅니다.

8. 다음을 듣고 표를 완성하십시오. 听录音，完成表格。

음식 이름	
재료	
"떡국 몇 그릇 먹었냐?"의 뜻	

9. 중국에서는 같은 명절 때에도 각 지역마다 즐겨 먹는 전통 음식이 다릅니다. 설날 때 나의 고향에서 어떤 음식을 주로 먹는지 친구들과 같이 이야기해 봅시다. 在中国，即便是在同一个节日，各地方人们习惯享用的传统美食也多有不同。春节期间，你家乡的人们主要享用哪些美食？与朋友一起用韩语聊一聊。

10. 중국에서 물만두가 단원(團圓)과 재부를 상징하므로 명절 때에 많이 먹습니다. 각 지역마다 즐겨 먹는 물만두는 많이 다릅니다. 다음의 마인드 맵에 따라 물만두의 종류와 그의 상징적인 의미를 친구와 같이 한국어로 이야기해 봅시다. 在中国，水饺象征着团圆与财富，因而成为许多节日的主食。各地区的人们因其特有的饮食习惯，喜欢吃的水饺种类也不尽相同。请大家参照下面的思维导图，跟朋友一起用韩语聊一聊几种水饺的种类及其象征意义。

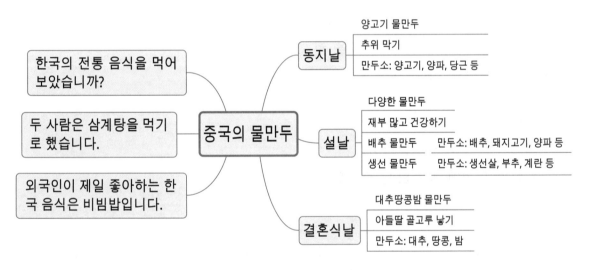

11-10 **시다** 酸 **쓰다** 苦 **입맛** 胃口 **별로** 不怎么 **냉면** 冷面 **익히다** 做熟、煮熟（**익다**的使动形态） **볶다** 炒 **비비다** 拌 **찌다** 蒸 **말다** 卷、包 **동지** 冬至 **오리** 鸭 **돼지** 猪 **소** 牛 **양** 羊 **당나귀** 驴 **전통** 传统 **제일** 最 **다양하다** 多种多样 **양고기** 羊肉 **추위** 寒冷 **재부** 财富 **배추** 白菜 **돼지고기** 猪肉 **부추** 韭菜 **대추** 大枣 **땅콩** 花生 **아들** 儿子 **딸** 女儿 **골고루** 均匀 **낳다** 生

제 12 과 식당　第十二课 餐厅

- 두 사람은 어디에서 무엇을 하고 있습니까?
- 무슨 음식을 주문하시겠습니까?

[새 표현] 生词与表达12

- 불고기 1인분에 얼마입니까?
- 치킨 한 마리에 맥주 한 병 주세요.

---

12 **주문하다** 点（菜） **인분** 人份 **치킨** 炸鸡 **마리** 只 **맥주** 啤酒 **병** 瓶 **줄** 条（包饭） **피자** 披萨 **판** 盘（披萨） **조각** 块 **콜라** 可乐 **삼겹살** 烤五花肉 **드시다** 吃（먹다的敬语） **괜찮다** 没关系、还好 **잔** 杯 **캔** 罐 **라면** 拉面 **설렁탕** 雪浓汤 **저희** 我们（우리的谦词） **소금** 盐 **적당히** 适当地 **조심히** 小心 **필요하다** 需要 **벨** 铃 **누르다** 按 **두부** 豆腐 **만들다** 制作 **청국장** 臭酱汤 **두부찌개** 豆腐汤 **콩** 大豆 **밥그릇** 饭碗 **들다** 拿、抬 **젓가락** 筷子 **상** 桌子 **놓다** 放下 **국그릇** 汤碗 **국** 汤 **찌개** 炖菜 **숟가락** 勺子 **뜨다** 舀、盛 **된장찌개** 大酱汤 **맥주** 啤酒 **사이다** 汽水 **햄버거** 汉堡 **샐러드** 沙拉 **쓰다** 用、使用 **예절** 礼节 **특징** 特点、特色 **리조또** 意式烩饭 **스테이크** 牛排 **재료** 材料、原料 **중화요리** 中华料理 **짜장면** 炸酱面 **탕수육** 糖醋肉 **소스** 调味汁、酱汁 **춘장** 春酱、炸酱面酱

1. 다음을 듣고 빈 칸에 맞는 내용을 쓰십시오. 听录音，完成填空。

1) 냉면 _____에 6,000원입니다.

2) 불고기 _____에 10,000원입니다.

3) 삼계탕 _____에 13,000원입니다.

4) 김밥 _____에 2,000원입니다.

2. 다음을 듣고 맞는 것에 ○ 하십시오. 听录音，在正确的内容上面画○。

1)

ㄱ. (　　) 　　　　　ㄴ. (　　)

2)

ㄱ. (　　) 　　　　　ㄴ. (　　)

3)

ㄱ. (　　) 　　　　　ㄴ. (　　)

4)

ㄱ. (　　) 　　　　　ㄴ. (　　)

3. 다음을 듣고 이어지는 말을 고르십시오. 听录音，选择正确的回答。

1) ㄱ. 불고기 2인분 주세요.　　　　　　ㄴ. 불고기는 달고 맛있어요.

2) ㄱ. 네. 잘 먹겠습니다.　　　　　　　ㄴ. 괜찮습니다.

3) ㄱ. 네. 맛있습니다.　　　　　　　　ㄴ. 네. 잘 먹었습니다.

4) ㄱ. 네. 안녕히 계세요.　　　　　　　ㄴ. 네. 안녕히 가세요.

4. 다음을 듣고 물음에 맞는 답을 고르십시오. 听录音，选择正确的回答。

1) ㄱ. 네, 떡볶이예요.

　ㄴ. 아니요, 떡볶이가 안 매워요.

　ㄷ. 떡볶이가 있어요.

2) ㄱ. 자주 먹어요.　　　　ㄴ. 집에서 먹어요.　　　　ㄷ. 라면을 먹어요.

3) ㄱ. 같이 먹어요.　　　　ㄴ. 일곱 시에 먹어요.　　　ㄷ. 집에서 먹어요.

4) ㄱ. 사과가 맛있어요.

　ㄴ. 불고기와 삼계탕이 유명해요.

　ㄷ. 불고기가 있어요.

5. 다음을 듣고 맞는 것에 ○, 틀린 것에 X 하십시오. 听录音，正确的画○，错误的打X。

1) – 남자는 설렁탕을 먹어 봤습니다.　　　　　　　　　　　(　)

　– 설렁탕에는 소금과 파를 넣어서 먹습니다.　　　　　　(　)

　– 남자는 설렁탕을 한 그릇만 주문했습니다.　　　　　　(　)

2) – 여자는 청국장을 처음 먹어 봅니다.　　　　　　　　　(　)

　– 청국장은 콩으로 만든 음식입니다.　　　　　　　　　　(　)

　– 남자와 여자는 청국장을 주문했습니다.　　　　　　　　(　)

6. 다음을 듣고 맞는 답을 고르십시오. 听录音，选择正确的答案。

1) 두 사람은 무엇에 대해 말하고 있습니까? (　)

　ㄱ. 식당 선택　　　ㄴ. 식사 예절　　　ㄷ. 요리 방법　　　ㄹ. 음식 주문

2) 들은 내용과 같은 것을 고르십시오. (   )

ㄱ. 중국에서는 밥그릇을 상 위에 놓고 먹습니다.

ㄴ. 한국에서는 국그릇을 들고 먹습니다.

ㄷ. 중국에서는 숟가락을 많이 사용합니다.

ㄹ. 한국에서는 숟가락과 젓가락을 모두 사용합니다.

7. 다음을 듣고 빈칸에 맞는 것을 넣으십시오. 听录音，完成表格。

12-8

1)

주문 내용	
음식	
마실 것	

2)

주문 내용	
음식	
음료	
가격	

8. 다음 메뉴를 보고 친구와 같이 직원과 손님이 되어 한국어로 대화를 만들어 보십시오. 参照下图，和同学一起练习餐厅服务员与客人的对话。

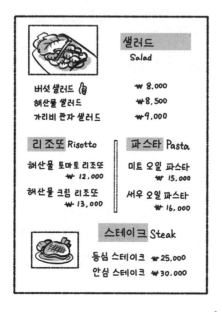

9. 여러분의 고향 음식을 한국어로 소개하고, 또 친구들의 발표를 정리해서 다음 표를 완성하십시오. 请大家用韩语介绍一下自己家乡的美食，并将同学讲述的内容整理后完成下表。

	음식 이름	재료	맛	특징
친구 1				
친구 2				
친구 3				
친구 4				
친구 5				

10. 중화요리는 메뉴가 다양할 뿐만 아니라 세계 여러 나라에서도 유명하고 인기가 많습니다. 한국에도 중화요리 음식점이 많이 있습니다. 다음의 마인드 맵에 따라 친구와 같이 한국어로 중화요리를 소개하고 음식을 시켜 보십시오. 中华美食不仅品种繁多，而且名扬中外！韩国也有很多中餐馆。请参照下面的思维导图与朋友一起聊一聊在韩国比较受欢迎的中华美食，并点餐品尝一下。

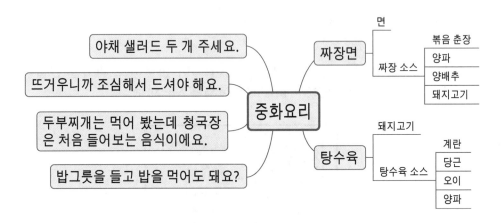

수제 手工制做　포장하다 打包、包装　고소하다 香、香喷喷　섞다 混、掺　볶다 炒　끓이다 煮沸、烧开　수제비 面片汤　돈가스 炸猪排　김치전 辣白菜煎饼　오징어볶음 辣炒鱿鱼　계란말이 鸡蛋卷　짬뽕 海鲜面　덮밥 盖饭　컵 杯　들어보다 听说　조심하다 小心

제 13 과 날씨 第十三课 天气

– 오늘 날씨가 어떻습니까?
– 어떤 날씨를 좋아합니까?

[새 표현] 生词与表达[13]

– 중부지방은 오늘 밤까지 비가 내리겠고, 내일 오후에 그치겠습니다.
– 서울에는 시간당 20밀리미터 안팎의 굵은 비가 오고 있습니다.

---

13 **중부지방** 中部地方 **밤** 夜 **비가 내리다** 下雨 **그치다** 停 **서울** 首尔 **시간당** 每小时 **밀리미터** 毫米 **안팎** 内外、左右 **굵다** 粗、粗大 **맑다** 晴 **바람이 불다** 刮风 **비가 오다** 下雨 **우산을 쓰다** 打伞 **흐리다** 阴 **안개가 끼다** 雾蒙蒙 **짙다** 浓、深 **눈이 오다** 下雪 **운전하다** 开、驾驶 **조심하다** 小心、当心 **바라다** 希望 **-부터** 从 **개다**（阴、雨）转晴 **강하다** 强 **추워지다** 变冷、转冷 **등산** 登山 **근데** 可是（그런데的略语） **노산** 崂山 **정상** 山顶 **오르다** 攀登、登 **쉽다** 容易 **코스** 路线 **도시락** 盒饭 **싸다** 包、打包 **음료수** 饮用水 **태산** 泰山 **자신** 自信、信心 **도전하다** 挑战 **그냥** 就那样 **산** 山 **한꺼번에** 一下子、一举 **부산** 釜山 **대구** 大邱 **인천** 仁川 **하루 종일** 一整天 **벌써** 已经 **구름이 끼다** 多云 **체육관** 体育馆 **나쁘다** 坏、差 **잠시만 기다리세요** 请稍等 **강릉** 江陵 **차차** 逐渐、渐渐 **시민 여러분** 各位市民 **미끄러지다** 滑、滑倒 **각별히** 特别、格外 **춘천** 春川 **대전** 大田 **여수** 丽水 **포항** 浦项 **목포** 木浦 **하이난** 海南 **시닝** 西宁 **하얼빈** 哈尔滨 **별명** 别名 **천연 대온실** 天然大温室 **가장** 最、非常 **영상** 零上 **피서 도시** 避暑城市 **평균 온도** 平均气温 **사이** 之间、空隙 **일조 시간** 日照时间 **얼음의 도시** 冰雪城市 **최저 온도** 最低气温 **영하** 零下

1. 다음을 듣고 관계 있는 것을 고르십시오. 听录音，将左右两列相关内容连线。

1) 오늘

2) 어제

3) 내일

ㄱ.

ㄴ.

ㄷ.

2. 문장을 듣고 맞는 것에 ○ 하십시오. 听录音，在正确的内容上面画○。

1)

ㄱ. (　　)

ㄴ. (　　)

2)

ㄱ. (　　)

ㄴ. (　　)

3)

ㄱ. (　　)

ㄴ. (　　)

4)

ㄱ. (　　)

ㄴ. (　　)

3. 다음을 듣고 문장을 완성하십시오. 听录音，完成填空。
13-4

1) 오늘 서울 날씨는 구름이 끼고 _____.

2) 저녁 9시부터 안개가 짙게 _____. 운전 조심하시기 바랍니다.

3) 내일은 아침에 비가 _____ 오후부터 비가 _____ 개겠습니다.

4) 이번 주말부터 바람이 _____ 불고 _____.

4. 다음을 듣고 질문에 맞는 답을 하십시오. 听录音，选择正确的回答。
13-5

1) ㄱ. 춥겠어요.　　　　　　　　　　　　ㄴ. 더웠어요.

2) ㄱ. 네, 덥지 않아요.　　　　　　　　　ㄴ. 아니요, 덥지 않아요.

3) ㄱ. 비가 많이 와요.　　　　　　　　　ㄴ. 여름을 좋아해요.

4) ㄱ. 어제보다 추웠어요.　　　　　　　　ㄴ. 오늘보다 추울 것 같아요.

5. 다음을 듣고 맞으면 ○, 틀리면 X하십시오. 听录音，正确的画○，错误的打X。
13-6

- 두 사람은 내일 등산 가요.　　　　　　　　　　　　　　　　　(　　)

- 두 사람은 태산에 가기로 했어요.　　　　　　　　　　　　　　(　　)

- 남자는 어려운 코스로 가고 싶어해요.　　　　　　　　　　　　(　　)

- 여자는 남자의 제의에 동의했어요.　　　　　　　　　　　　　(　　)

- 두 사람은 등산이 끝난 후 식당에서 밥을 먹어요.　　　　　　　(　　)

- 남자가 음식을 싸 가지고 갈 거예요.　　　　　　　　　　　　(　　)

🎧 **6.** 다음을 듣고 표를 완성하십시오. 听录音，完成表格。

서울	
부산	
대구	
인천	

🎧 **7.** 다음을 듣고 맞는 답을 고르십시오. 听录音，选择正确的回答。

1) 두 사람은 어디에서 이야기합니까? (　　)

ㄱ. 식당

ㄴ. 편의점

ㄷ. 체육관

ㄹ. 도서관

2) 들은 내용과 같은 것을 고르십시오. (　　)

ㄱ. 여자는 우산을 가지고 있습니다.

ㄴ. 남자는 운동하고 있습니다.

ㄷ. 밖에 비가 오고 바람이 붑니다.

ㄹ. 두 사람은 편의점에서 밥을 먹습니다.

🎧 **8.** 다음을 듣고 대화를 완성하십시오. 听录音，完成填空。

내일 날씨를 알려드리겠습니다.

서울은 아침부터 바람이 _____ 불고 오후부터 비가 오겠습니다. 부산은 아침에 비가 많이 온 후에 오후부터 _____. 대전은 아침에 _____ 오후부터 구름이 _____. 강릉은 오후부터 눈이 오고 밤에는 차차 눈이 _____. 시민 여러분은 눈에 _____ 않도록 각별히 조심하시기 바랍니다.

9. 다음 표를 보고 내일의 날씨를 예보해 보십시오. 参照下面的表格，播报明天的天气预报。

서울	20~24 도	맑음	오후부터 바람
강릉	18~20 도	흐림	저녁부터 안개
대구	23~27 도	맑음	오전부터 약한 바람
부산	20~25 도	큰 비 + 강풍	새벽부터 짙은 안개

10. 다음의 마인드 맵에 따라 친구와 같이 한국어로 고향 날씨에 대해서 이야기해 보십시오. 参照下面的思维导图，与朋友一起用韩语聊一聊自己家乡的天气。

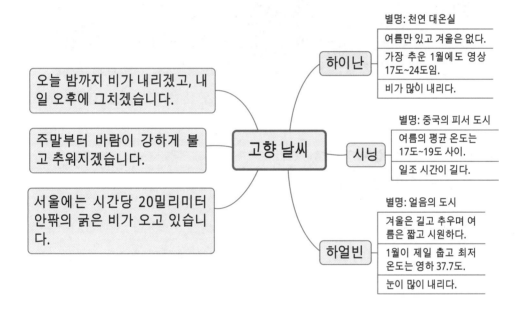

📞 **남부지방** 南部地方　**낮** 白天　**제주도** 济州道　**북한산** 北汉山　**지리산** 智异山　**한라산**

13-10　汉拿山　**설악산** 雪岳山　**제의** 提议　**동의하다** 同意　**약하다** 弱　**안팎** 上下

제 14 과 계절 第十四课 季节

- 지금은 무슨 계절입니까?
- 어느 계절을 좋아합니까?

[새 표현] 生词与表达14

- 서울은 겨울이라 눈이 많이 오는데 파리는 지금 무슨 계절이지요?
- 한국은 2월에도 좀 추운데 중국 하이난은 어때요?

---

14 **계절** 季节 **겨울** 冬 **꽃이 피다** 花开 **봄** 春 **가을** 秋 **단풍 구경** 赏枫叶 **스키를 타다** 滑雪 **스키장** 滑雪场 **스케이트를 타다** 滑冰 **벚꽃** 樱花 **수박** 西瓜 **도착하다** 到达 **난방** 暖房、供暖 **싫다** 讨厌、不喜欢 **특성** 特性、特点 **뚜렷하다** 清楚、明显 **면적** 面积 **지역별** 各地区 **싼야** 三亚 **란저우** 兰州 **거의** 几乎、差不多 **선양** 沈阳 **무척** 很、相当 **수도** 首都 **베이징** 北京 **그림** 画、图画 **눈사람** 雪人 **놀다** 玩、玩乐 **눈싸움** 雪仗 **사계절** 四季 **선선하다** 凉爽、凉快 **단풍이 들다** 枫叶红了 **변화** 变化

1. 다음을 듣고 관계 있는 것을 연결하십시오. 听录音，将左右两列中相关内容连线。

14-2

1) 루한   ㄱ. 봄

2) 미오   ㄴ. 여름

3) 수지   ㄷ. 가을

4) 준호   ㄹ. 겨울

2. 다음을 듣고 맞는 것에 ○ 하십시오. 听录音，在正确的内容上面画○。

14-3

1)

ㄱ. (   )   ㄴ. (   )

2)

ㄱ. (   )   ㄴ. (   )

3)

ㄱ. (   )   ㄴ. (   )

4)

ㄱ. (   )   ㄴ. (   )

3. 다음을 듣고 문장을 완성하십시오. 听录音，完成填空。

1) 어느 (   )을 좋아해요?

2) 한국의 (   )은 비가 많이 (   ) 덥습니다.

3) 지금 서울은 눈이 (   ) 부산은 눈이 (   ).

4) 저는 날씨가 따뜻하고 (   ) 많이 (   ) 봄을 제일 좋아해요.

4. 다음을 듣고 물음에 맞는 답을 고르십시오. 听录音，选择正确的回答。

1) ㄱ. 날씨가 따뜻하고 맑아요.　　　　　ㄴ. 저도 봄을 좋아해요.

2) ㄱ. 저녁에는 비가 그쳤어요.　　　　　ㄴ. 여름에 비가 많이 와요.

3) ㄱ. 비 오는 날이 좋아요.　　　　　　ㄴ. 추운 겨울을 좋아해요.

4) ㄱ. 2월의 광저우는 따뜻한 봄이에요.　ㄴ. 경치가 너무 아름다웠어요.

5. 다음을 듣고 맞으면 ○, 틀리면 X 하십시오. 听录音，正确的画○，错误的打X。

1) – 칭다오는 지금 비가 옵니다.　　　　　　　　　　　　　(　)

　 – 여자의 고향은 겨울에 따뜻합니다.　　　　　　　　　(　)

　 – 남자의 고향에 난방이 없습니다.　　　　　　　　　　(　)

2) – 여자는 스키를 탈 수 있습니다.　　　　　　　　　　　(　)

　 – 남자는 여름보다 겨울을 좋아합니다.　　　　　　　　(　)

　 – 여자는 겨울에 눈이 와서 싫습니다.　　　　　　　　　(　)

6. 다음을 듣고 빈칸에 맞는 말을 쓰십시오. 听录音，完成表格。

도시	날씨 특징
싼야	
란저우	
선양	
베이징	

7. 다음을 듣고 물음에 맞는 답을 하십시오. **听录音，选择正确的回答。**

1) 두 사람은 지금 어디에서 이야기하고 있습니까? (   )

   ㄱ. 은행

   ㄴ. 학교

   ㄷ. 영화관

   ㄹ. 고향

2) 다음 중 들은 내용과 다른 것을 고르십시오. (   )

   ㄱ. 남자는 눈사람을 만들 수 있습니다.

   ㄴ. 두 사람은 눈사람을 만들 것입니다.

   ㄷ. 학교에 눈이 많이 와서 경치가 좋습니다.

   ㄹ. 여자의 고향에는 눈이 많이 옵니다.

8. 다음을 듣고 빈칸에 알맞은 표현을 쓰십시오. **听录音，完成填空。**

한국에는 _____ 날씨 차이가 큽니다.

_____ 예쁜 꽃이 많이 피어서 사람들이 공원이나 산으로 _____.

_____ 더워서 사람들은 바다나 산으로 휴가를 갑니다.

_____ 날씨가 _____ 사람들이 등산을 많이 합니다. 산에 단풍이 _____ 아주 _____.

겨울에는 춥고 눈이 옵니다. 이렇게 한국의 사계절은 변화가 _____.

9. 중국의 땅이 넓어서 사계절이 뚜렷한 지역도 있고 그렇지 않은 지역도 많습니다. 여러분의 고향은 어떤 경우인지, 또 어떤 특별한 경치가 있는지 한국어로 이야기해 보십시오. **中国幅员辽阔，有四季分明的地区，也有不太分明的地区。请大家用韩语谈一谈自己家乡的四季及比较有名的景色吧！**

10. 다음의 마인드 맵에 따라 루한, 미오, 정환이 좋아하는 계절 및 그 이유를 한국어로 이야기해 보십시오. 请大家用韩语聊一聊下面这几位各自喜爱的季节及其理由吧。

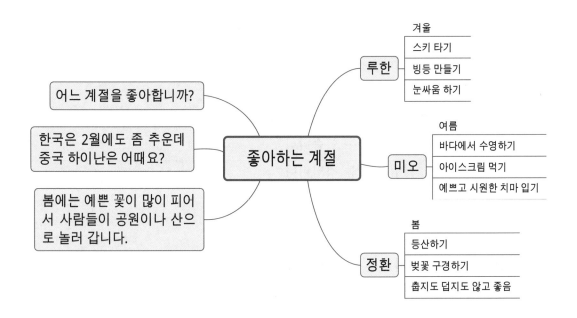

🅒 **광저우** 广州 **뉴욕** 纽约 **도쿄** 东京 **모스크바** 莫斯科 **하와이** 夏威夷 **예를 들어** 例如
14-10 **차이** 差异 **매일** 每天 **휴가** 休假 **빙등** 冰灯 **아이스크림** 冰淇淋 **냉방** 空调房 **옷차림** 衣着、穿着 **열대지방** 热带地区 **아열대지방** 亚热带地区 **한대지방** 寒带地方 **강우량** 降雨量 **동해**（韩国的）东海 **남해**（韩国的）南海 **서해**（韩国的）西海

모의 평가 1 **能力测试 1**

🎧 **[1-4]** 다음을 듣고 물음에 맞는 대답을 고르십시오. 听录音，选择正确的回答。
1-1

1. (　　)

　① 네, 집이 멀어요. 　　　　　② 네, 집이 아니에요.

　③ 아니요, 집에 안 가요. 　　　④ 네, 집에 있어요.

2. (　　)

　① 네, 우유가 없어요. 　　　　② 네, 우유가 맛있어요.

　③ 아니요, 우유가 싸요 　　　④ 아니요, 우유가 좋아요.

3. (　　)

　① 많이 샀어요. 　　　　　　② 동생이 샀어요.

　③ 열두 시에 샀어요. 　　　　④ 시장에서 샀어요.

4. (　　)

　① 가끔 해요. 　　　　　　　② 청소를 해요.

　③ 주말에 해요. 　　　　　　④ 오후 두 시에 해요.

🎧 **[5-6]** 다음을 듣고 이어지는 말을 고르십시오. 听录音，选择正确的回答。
1-2

5. (　　)

　① 어서 오세요 　　　　　　② 안녕히 가세요

　③ 안녕하세요 　　　　　　④ 만나서 반가워요

6. (　　)

　① 고맙습니다 　　　　　　② 괜찮습니다

　③ 미안합니다 　　　　　　④ 반갑습니다.

🎧 **[7-10]** 여기는 어디입니까? 알맞은 것을 고르십시오. 听录音，选择对话最可能出现的
1-3　场所。

7. (　　)

　① 학교 　　　② 병원 　　　③ 식당 　　　④ 은행

8. (　　　)

    ① 약국　　　　　　② 극장　　　　　　③ 편의점　　　　　　④ 백화점

9. (　　　)

    ① 시장　　　　　　② 식당　　　　　　③ 마트　　　　　　④ 빵집

10. (　　　)

    ① 은행　　　　　　② 약국　　　　　　③ 병원　　　　　　④ 극장

🎧 [11-14] 다음은 무엇에 대해 말하고 있습니까? 알맞은 것을 고르십시오. 听录音，选
1-4 择相关的内容。

11. (　　　)

    ① 시간　　　　　　② 주소　　　　　　③ 요일　　　　　　④ 나이

12. (　　　)

    ① 날씨　　　　　　② 요일　　　　　　③ 장소　　　　　　④ 계절

13. (　　　)

    ① 소개　　　　　　② 계획　　　　　　③ 주말　　　　　　④ 장소

14. (　　　)

    ① 운동　　　　　　② 주소　　　　　　③ 소개　　　　　　④ 시간

🎧 [15-16] 다음 대화를 듣고 알맞은 그림을 고르십시오. 听录音，选择正确的图片。
1-5

15. (　　　)

①   ②

③   ④

16. (　　)

①

②

③

④

1-6 [17-21] 다음을 듣고 대화 내용과 같은 것을 고르십시오. 听录音，选择与对话内容相同的选项。

17. (　　)

① 남자는 운동을 좋아합니다.　　② 여자는 가끔 수영을 합니다.

③ 남자는 매일 농구를 합니다.　　④ 여자는 매일 체육관에 갑니다.

18. (　　)

① 남자는 케이크를 샀습니다.　　② 여자는 오늘 생일입니다.

③ 남자는 부모님 선물을 샀습니다.　　④ 여자는 케이크를 좋아합니다.

19. (　　)

① 남자는 집에서 방학을 보냈습니다.

② 여자는 가족과 집에 있었습니다.

③ 남자는 부모님과 고향에 갔습니다.

④ 여자는 친구와 음식을 만들어 먹었습니다.

20. (　　)

① 남자는 어제 배가 아팠습니다.

② 여자는 약국에서 일합니다.

③ 남자는 지금 집에서 쉬고 싶어합니다.

④ 여자는 어제 남자에게 전화를 했습니다.

21. (   )

① 여자는 혼자 영화를 보고 싶어합니다.

② 남자는 지금 영화관 앞에 있습니다.

③ 두 사람은 지하철로 가고 있습니다.

④ 두 사람은 내일 영화를 보기로 했습니다.

[22-24] 다음을 듣고 여자의 중심 생각을 고르십시오. 听录音，选择符合女生想法的选项。

1-7

22. (   )

① 아침에는 빵을 먹으면 좋습니다.

② 아침밥을 먹으면 건강에 좋습니다.

③ 아침에 일찍 일어나야 합니다.

④ 아침밥은 집에서 만들어서 먹습니다.

23. (   )

① 집이 멀어서 이사하고 싶습니다.

② 집과 학교는 가까운 것이 좋습니다.

③ 지금 살고 있는 집이 좋습니다.

④ 집이 지하철역과 마트에 가까워서 생활하기 편해요.

24. (   )

① 계획을 하고 만나면 좋겠습니다.

② 주말 계획을 세우기 어렵습니다.

③ 혼자 주말에 집에서 쉬고 싶습니다.

④ 만나서 하고 싶은 것을 정하는 게 좋습니다.

[25-26] 다음을 듣고 질문에 답하십시오. 听录音，回答问题。

1-8

25. 이 사람이 왜 이 이야기를 하고 있는지 고르십시오. (   )

① 신청을 더 많이 받기 위해서

② 신청 방법을 설명하기 위해서

③ 대회 내용을 설명하기 위해서

④ 사무실 위치를 알려주기 위해서

26. 들은 내용과 같은 것을 고르십시오. (　　)

　① 이 대회는 이번 달에 합니다.

　② 홈페이지에서 신청하면 됩니다.

　③ 이번 주 금요일까지 신청해야 합니다.

　④ 신청한 사람이 많아서 빨리 해야 합니다.

[27-28] 다음을 듣고 물음에 답하십시오. 听录音，回答问题。
1-9

27. 두 사람이 무엇에 대해 이야기하고 있는지 고르십시오. (　　)

　① 한국 문화관에 가는 방법

　② 한국 문화관에서 일하는 방법

　③ 한국 문화관에서 할 수 있는 일

　④ 한국 문화관이 문을 여는 시간

28. 들은 내용과 같은 것을 고르십시오. (　　)

　① 여자는 한국 문화관에서 한복을 샀습니다.

　② 남자는 한국 문화관에 가 본 적이 있습니다.

　③ 여자는 한국 문화관에서 떡을 만들었습니다.

　④ 남자는 한국 문화관에서 한복을 입어 봤습니다.

[29-30] 다음을 듣고 물음에 답하십시오. 听录音，回答问题。
1-10

29. 여자는 왜 케이크를 준비하고 있습니까? (　　)

　① 어머니께 드리려고

　② 선생님께 선물하려고

　③ 남자와 같이 먹고 싶어서

　④ 케이크 가격이 너무 비싸서

30. 들은 내용과 같은 것을 고르십시오. (　　)

　① 여자는 선생님께 중국 차를 선물하려고 합니다.

　② 남자는 선생님께 드릴 케이크를 이미 샀습니다.

　③ 여자는 어머니께 직접 만든 케이크를 드렸습니다.

　④ 두 사람은 오늘 선생님의 선물을 사러 백화점에 갑니다.

모의 평가 2 能力测试 2

[1-4] 다음을 듣고 물음에 맞는 대답을 고르십시오. 听录音，选择正确的回答。

1. ( )

① 네, 학생이에요.　　　　　　　② 네, 학교에 있어요.

③ 아니요, 학생이에요.　　　　　④ 아니요, 학생이 있어요.

2. ( )

① 네, 시간이에요.　　　　　　　② 네, 시간이 길어요.

③ 아니요, 시간이 없어요.　　　④ 아니요, 시간이 많아요.

3. ( )

① 신발을 샀어요.　　　　　　　② 언니가 샀어요.

③ 주말에 샀어요.　　　　　　　④ 백화점에서 샀어요.

4. ( )

① 오월에 가요.　　　　　　　　② 부모님이 가요.

③ 고향에서 일해요.　　　　　　④ 내 고향은 칭다오예요.

[5-6] 다음을 듣고 이어지는 말을 고르십시오. 听录音，选择正确的回答。

5. ( )

① 좋겠습니다.　　　　　　　　② 모르겠습니다.

③ 잘 먹겠습니다.　　　　　　④ 처음 뵙겠습니다.

6. ( )

① 네, 전데요.　　　　　　　　② 네, 저도요

③ 네, 괜찮아요.　　　　　　　④ 네, 고마워요.

[7-10] 여기는 어디입니까? 알맞은 것을 고르십시오. 听录音，选择对话最可能出现的
场所。

7. ( )

　　　① 서점　　　　　② 교실　　　　　③ 체육관　　　　　④ 도서관

8. (　　)

    ① 공항　　　　　　② 은행　　　　　　③ 우체국　　　　　　④ 정류장

9. (　　)

    ① 꽃집　　　　　　② 약국　　　　　　③ 공원　　　　　　④ 호텔

10. (　　)

    ① 기차　　　　　　② 택시　　　　　　③ 버스　　　　　　④ 지하철

[11-14] 다음은 무엇에 대해 말하고 있습니까? 알맞은 것을 고르십시오. 听录音，选择相关的内容。

11. (　　)

    ① 가족　　　　　　② 나이　　　　　　③ 이름　　　　　　④ 친구

12. (　　)

    ① 학교　　　　　　② 직업　　　　　　③ 고향　　　　　　④ 운동

13. (　　)

    ① 날씨　　　　　　② 계획　　　　　　③ 계절　　　　　　④ 여행

14. (　　)

    ① 위치　　　　　　② 주소　　　　　　③ 교통　　　　　　④ 취미

[15-16] 다음 대화를 듣고 알맞은 그림을 고르십시오. 听录音，选择正确的图片。

15. (　　)

①　

②　

③

④　

16. (　　)

①

②

③

④

[17-21] 다음을 듣고 대화 내용과 같은 것을 고르십시오. 听录音，选择与对话内容相同的选项。

17. (　　)

① 남자는 한국에 갑니다.

② 남자는 월요일 오후에 도착합니다.

③ 여자는 내일 회사에 갑니다.

④ 두 사람은 월요일에 회사에서 만납니다.

18. (　　)

① 여자는 요리를 좋아합니다.

② 여자는 자주 집에서 밥을 먹습니다.

③ 남자는 주말에 밖에서 사 먹습니다.

④ 남자는 평일에 학생 식당에서 밥을 먹습니다.

19. (　　)

① 지금은 다섯 시입니다.

② 남자는 초코 케이크를 샀습니다.

③ 여자는 남자에게 케이크를 줬습니다.

④ 여자는 딸기 케이크를 만들고 있습니다.

20. (　　)

① 여자는 오늘 졸업을 합니다.

② 남자는 혼자 졸업식에 갑니다.

③ 여자는 택시를 타고 학교에 갑니다.

④ 두 사람은 지하철로 졸업식장에 갑니다.

21. (　　)

① 남자는 저녁에 영화를 볼 겁니다.

② 여자는 영화관에서 일하고 있습니다.

③ 남자는 영화관에서 여자를 만났습니다.

④ 여자는 더 빨리 영화를 보고 싶어합니다.

[22-24] 다음을 듣고 여자의 중심 생각을 고르십시오. 听录音，选择符合女生想法的选项。

22. (　　)

① 옷은 좀 작아도 입을 수 있습니다.

② 옷이 안 맞으면 빨리 바꿔야 합니다.

③ 인터넷으로 옷을 안 사는 게 좋습니다.

④ 인터넷으로 옷을 사면 싸게 살 수 있습니다.

23. (　　)

① 청소를 자주 하면 힘이 듭니다.

② 청소를 빨리 하려면 청소기를 써야 합니다.

③ 시간이 날 때마다 청소를 하는 게 좋습니다.

④ 청소할 때는 한 번에 모아서 하는 게 편리합니다.

24. (　　)

① 창문 쪽에 앉고 싶습니다.

② 에어컨이 가까운 자리가 좋습니다.

③ 기다리지 않고 빨리 먹고 싶습니다.

④ 사람이 적은 식당으로 가고 싶습니다.

[25-26] 다음을 듣고 물음에 답하십시오. 听录音, 回答问题。

25. 여자가 왜 이 이야기를 하고 있는지 맞는 것을 고르십시오. (   )

① 아파트의 규칙을 알려주려고

② 주민들에게 떡과 음료수를 팔려고

③ 아파트의 행사 장소를 바꾸려고

④ 아파트에서 하는 행사를 알려주려고

26. 들은 내용과 같은 것을 고르십시오. (   )

① 내일은 토요일입니다.

② 음료수는 각자 준비해야 합니다.

③ 내일 오후 12시에 행사를 시작합니다.

④ 아파트 중앙 공원에서 떡을 만듭니다.

[27-28] 다음을 듣고 물음에 답하십시오. 听录音, 回答问题。

27. 두 사람이 무엇에 대해 이야기하고 있는지 고르십시오. (   )

① 운동의 효과   ② 요즘 유행하는 운동

③ 인터넷 수업의 좋은 점   ④ 인터넷을 사용하는 방법

28. 들은 내용과 같은 것을 고르십시오. (   )

① 여자는 요가를 배우고 있습니다.

② 남자는 매일 요가를 하고 있습니다.

③ 여자는 남자에게 요가를 배우려고 합니다.

④ 남자는 여자와 같이 운동을 하고 싶습니다.

[29-30] 다음을 듣고 물음에 답하십시오. 听录音, 回答问题。

29. 이 사람이 어떤 이야기를 하는지 고르십시오. (   )

① 소개   ② 사과   ③ 인사   ④ 부탁

30. 들은 내용과 같은 것을 고르십시오. (   )

① 중국에서 함께 공부를 했습니다.

② 지금 한국에 살고 있습니다.

③ 일 년 전에 중국에 왔습니다.

④ 앞으로 중국에 대해 공부하고 싶습니다.

모의 평가 3 能力测试 3

3-1 [1-4] 다음을 듣고 물음에 맞는 대답을 고르십시오. 听录音，选择正确的回答。

1. （　　）
① 네, 책이 있어요.　　② 네, 책이 아니에요.
③ 아니요, 책을 안 읽어요.　　④ 아니요, 책이 없어요.

2. （　　）
① 네, 사람이에요.　　② 네, 사람이 많아요.
③ 아니요, 사람이 있어요.　　④ 아니요, 사람이 아니에요.

3. （　　）
① 많이 먹어요.　　② 언니가 먹어요.
③ 두 시에 먹어요.　　④ 비빔밥을 먹어요.

4. （　　）
① 주말에 가요.　　② 지금 볼 거예요.
③ 영화가 있어요.　　④ 아주 재미있어요.

3-2 [5-6] 다음을 듣고 이어지는 말을 고르십시오. 听录音，选择正确的回答。

5. （　　）
① 고마워요.　　② 미안해요.
③ 괜찮아요.　　④ 부탁해요.

6. （　　）
① 괜찮아요.　　② 미안해요.
③ 여기 있어요.　　④ 어서 오세요.

3-3 [7-10] 여기는 어디입니까? 알맞은 것을 고르십시오. 听录音，选择对话最可能出现的场所。

7. （　　）
① 세탁소　　② 사진관　　③ 편의점　　④ 미용실

모의 평가 3　能力测试 3 ┃ **89**

8. (　　)

① 꽃집　　　　　② 서점　　　　　③ 미술관　　　　　④ 우체국

9. (　　)

① 은행　　　　　② 약국　　　　　③ 식당　　　　　④ 시장

10. (　　)

① 극장　　　　　② 학교　　　　　③ 서점　　　　　④ 호텔

[11-14] 다음은 무엇에 대해 말하고 있습니까? 알맞은 것을 고르십시오. 听录音，选择相关的内容。

3-4

11. (　　)

① 생일　　　　　② 주소　　　　　③ 고향　　　　　④ 나이

12. (　　)

① 맛　　　　　② 일　　　　　③ 식당　　　　　④ 시장

13. (　　)

① 채소　　　　　② 과일　　　　　③ 고기　　　　　④ 과자

14. (　　)

① 건강　　　　　② 시간　　　　　③ 취미　　　　　④ 휴가

[15-16] 다음 대화를 듣고 알맞은 그림을 고르십시오. 听录音，选择正确的图片。

3-5

15. (　　)

①

②

③

④

16. (   )

①

②

③

④

[17-21] 다음을 듣고 대화 내용과 같은 것을 고르십시오. 听录音，选择与对话内容相同的选项。

17. (   )

① 남자는 오늘 수영하러 갑니다.

② 여자는 공원에 가고 싶어합니다.

③ 두 사람은 내일 바다에 갑니다.

④ 두 사람은 지금 공원에 가고 있습니다.

18. (   )

① 남자는 과일 주스를 마시고 싶어합니다.

② 여자는 커피를 좋아하지 않습니다.

③ 여자는 남자에게 커피를 사 줬습니다.

④ 남자는 커피와 과일 주스를 살 것입니다.

19. (   )

① 여자는 남자에게 한국어를 배웁니다.

② 남자는 매주 토요일에 중학교에 갑니다.

③ 남자는 평일에 아르바이트를 합니다.

④ 여자는 주말에 아르바이트를 하고 싶어합니다.

20. (　　)

① 여자는 학생회관을 찾고 있습니다.

② 여자는 지금 도서관에 있습니다.

③ 남자는 여자와 같이 운동장에 갑니다.

④ 남자는 안내소 위치를 알려 주었습니다.

21. (　　)

① 약을 삼일 동안 먹어야 합니다.

② 약은 하루에 세 번 먹습니다.

③ 밥 먹기 전에 약을 먹어야 합니다.

④ 약은 소화제와 함께 먹어야 합니다.

🎧 **[22-24]** 다음을 듣고 여자의 중심 생각을 고르십시오. 听录音，选择符合女生想法的
3-7 选项。

22. (　　)

① 운전을 하는 것이 더 편리합니다.

② 회사에 차를 가지고 다니면 안 됩니다.

③ 지하철을 타고 다니면 시간을 절약할 수 있습니다.

④ 지하철로 다니는 것이 더 편리하고 좋습니다.

23. (　　)

① 반을 더 만들어야 합니다.　　　　② 수업에 문제가 많이 있습니다.

③ 더 어려운 수업을 듣고 싶습니다.　④ 요리 수업이 많이 도움이 됩니다.

24. (　　)

① 포장한 음식은 건강에 좋지 않습니다.

② 음식을 주문할 때 적당히 해야 합니다.

③ 남은 음식은 버리고 가는 게 좋습니다.

④ 음식을 포장해 가면 음식물 쓰레기를 줄일 수 있습니다.

🎧 **[25-26]** 다음을 듣고 물음에 답하십시오. 听录音，回答问题。
3-8

25. 남자가 왜 이 이야기를 하고 있는지 고르십시오. (　　)

① 대회 순서를 정해 주려고

② 행사 시간과 날짜를 알려주려고

③ 대회 참여 방법을 알려 주려고

④ 행사 장소가 바뀐 것을 알려주려고

26. 들은 내용과 같은 것을 고르십시오. (   )

① 학생회관에서 행사를 합니다.

② 목요일에 행사 신청을 받습니다.

③ 다음 주 일요일에 행사를 합니다.

④ 학생회에 전화로 신청할 수 있습니다.

[27-28] 다음을 듣고 물음에 답하십시오. 听录音，回答问题。

3-9

27. 남자가 왜 병원에 가려고 하는지 고르십시오. (   )

① 병원에서 일하기 위해서   ② 다친 친구를 만나기 위해서

③ 친구에게 부탁할 일이 있어서   ④ 다리를 다쳐서 치료하기 위해서

28. 들은 내용과 같은 것을 고르십시오. (   )

①남자는 지금 병원에 입원했습니다.

②여자는 일요일에 병원에 다녀왔습니다.

③남자는 지난 주말에 다리를 다쳤습니다.

④두 사람은 학교 끝나고 병원에 갈 겁니다.

[29-30] 다음을 듣고 물음에 답하십시오. 听录音，回答问题。

3-10

29. 두 사람이 무엇에 대해 이야기하고 있는지 고르십시오. (   )

① 친구를 사귀는 방법   ② 중국어를 잘 하는 방법

③ 동아리에서 해야 하는 일   ④ 연휴를 잘 보내야 하는 이유

30. 들은 내용과 같은 것을 고르십시오. (   )

① 여자는 중국에 친구가 없습니다.

② 남자는 책 읽는 것을 좋아합니다.

③ 여자는 남자와 취미가 같습니다.

④ 남자는 중국에 온 지 6개월이 되었습니다.